Jaap Tanja

„Alle Muslime sind …"

50 Fragen zu Islam und Islamophobie

Verlag an der Ruhr

Impressum

Titel
„Alle Muslime sind ..." – 50 Fragen zu Islam und Islamophobie

Autor
Jaap Tanja

Titelbildmotiv
Junge Frau im Vordergrund: © 47media/Fotolia.com;
Hintergrundmotiv: © OlgaLIS/Fotolia.com

Übersetzung aus dem Niederländischen
Jessica Komina, Sandra Knuffinke

Inhaltliche Prüfung
Miyesser Ildem

Verlag an der Ruhr
Mülheim an der Ruhr
www.verlagruhr.de

Geeignet für Jugendliche ab 14 Jahre

Das Werk und seine Teile sind urheberrechtlich geschützt. Jede Verwendung in anderen als den gesetzlich zugelassenen Fällen bedarf der vorherigen schriftlichen Einwilligung des Verlages.
Der Verlag untersagt ausdrücklich das digitale Speichern und Zurverfügungstellen dieses Buches oder einzelner Teile davon im Intranet (das gilt auch für Intranets von Schulen und Kindertagesstätten), per E-Mail, Internet oder sonstigen elektronischen Medien. Kein Verleih. Zuwiderhandlungen werden zivil- und strafrechtlich verfolgt.

© Verlag an der Ruhr 2011
ISBN 978-3-8346-0807-9

Printed in Germany

Inhaltsverzeichnis

5 | Vorwort

Fragen zu Muslimen und dem Islam

8 | Wer ist Muslim?

11 | Wie viele Muslime gibt es weltweit?

14 | Wer hat das Sagen bei den Muslimen?

19 | Glauben Muslime an den Propheten Mohammed?

20 | Glauben alle Muslime dasselbe?

25 | Was ist der Unterschied zwischen Sunniten und Schiiten?

28 | Ist nur der Koran maßgebend für alle Muslime?

31 | Warum beten Muslime so viel?

35 | Was sagt der Koran zum Thema Sex und Liebe?

37 | Dürfen Muslime im Ramadan gar nichts essen?

Fragen zur Geschichte

42 | Wurde der Islam im Mittelalter mit dem Schwert verbreitet?

47 | War Europa schon immer ein christlicher Kontinent?

51 | Welche Folgen hatten die Kreuzzüge für Christen und Muslime?

55 | Sind die Kreuzzüge mit heutigen Kriegen vergleichbar?

57 | Wie lebten Muslime im mittelalterlichen Spanien?

Fragen zu Muslimen, Juden und Christen

62 | Haben die drei Religionen denselben Gott?

64 | Was haben Juden, Christen und Muslime gemeinsam?

67 | Was sagt der Koran zu Jesus?

69 | Was sagt der Koran über Juden und Christen?

72 | Wurden in islamischen Ländern Religionen unterdrückt?

75 | Werden in islamischen Ländern Religionen unterdrückt?

79 | Gibt es derzeit einen islamischen Antisemitismus?

Streitfälle zum Islam

84 | Ruft der Koran zur Gewalt auf?

87 | Was bedeutet „Scharia"?

91 | Was bedeutet „Dschihad", und was ist dessen Ziel?

93 | Kann man als Muslim „aus dem Glauben austreten"?

95 | Sind Mischehen im Islam verboten?

98 | Sind westliche und islamische Werte Gegensätze?

100 | Ruft der Koran zur Unterdrückung der Frau auf?

104 | Sind Muslime gegen gleichgeschlechtliche Liebe?

108 | Wie wichtig sind Kopftücher eigentlich?

Inhaltsverzeichnis

Politische Streitfälle

114 | Wie entstand der Nahost-Konflikt?

118 | Welche Bedeutung hat Jerusalem für den Islam?

121 | Was versteht man unter Islamisten?

124 | Was hat Al-Kaida mit dem Islam zu tun?

127 | Warum greift Al-Kaida die USA nicht noch einmal an?

130 | Sind Selbstmordattentate im Islam erlaubt?

133 | Wer wird im Krieg gegen Terrorismus eigentlich bekämpft?

138 | Warum wird der EU-Beitritt der Türkei abgelehnt?

Muslime in Deutschland und Europa

142 | Wie viele Muslime wohnen in Deutschland?

145 | Sind Muslime in Deutschland sehr religiös?

148 | Werden Muslime in Deutschland und Europa diskriminiert?

150 | Warum haben viele Angst vor der Verbreitung des Islam?

153 | Gibt es viel Islamophobie in Europa?

155 | Wird der Islam die größte Religion Europas sein?

159 | Sind Muslime in Bezug auf ihre Religion humorlos?

162 | Gilt die Scharia auch für Muslime in Deutschland?

Zu guter Letzt

166 | Dürfen Muslime Weihnachtsdeko aufhängen?

168 | Darf ein Muslim bei McDonald's Burger braten?

172 | Was muss ich mir in Bezug auf den Islam unbedingt merken?

175 | Bildnachweis

176 | Verwendete Literatur

Vorwort

Wie in anderen westeuropäischen Ländern hat sich der Islam auch in Deutschland in den vergangenen Jahrzehnten stark verbreitet. Schätzungen zufolge sind fünf Prozent der deutschen Bevölkerung Muslime. Trotzdem kennt die nichtmuslimische Mehrheit ihre muslimischen Mitbürger nur aus den Medien und hat zum Teil ganz falsche Vorstellungen von ihnen. Insbesondere im Internet – der wichtigsten Informationsquelle bei jungen Leuten –, aber auch in Zeitungen, Zeitschriften oder im Fernsehen werden völlig verzerrte Stereotype über Muslime verbreitet. Unser Bild vom Islam wird zu großen Teilen von dem bestimmt, was wir aus den Medien so aufschnappen. Diesen oft subjektiv gefärbten Informationen kann man sich nur schwer entziehen.

Nach den Anschlägen des 11. September 2001 und den darauf folgenden Reaktionen und weiteren Anschlägen hat sich die Angst vor dem Islam ausgebreitet. Diese Angst ist zum Teil begründet, allerdings wird sie in vielen westeuropäischen Ländern von Politikern und Parteien, die sich davon gute Wahlergebnisse versprechen, auch entsprechend geschürt. Nicht nur die radikalen, gewalttätigen Muslime, sondern der gesamte Islam und alle Muslime müssen dafür herhalten. Eine Religion, die vor 14 Jahrhunderten entstanden ist, und eine ebenso alte Kultur werden ohne Abstufungen zu einer einzigen gewalttätigen Ideologie verallgemeinert. Da geht es um den „Untergang Europas"; der so genannten Islamisierung müsse „ein Riegel vorgeschoben werden". Aber kann man von Islamisierung sprechen oder gar von einer „Bedrohung für die europäische Kultur durch den Islam"? Müssen wir wirklich Angst vor dem Islam haben?

Mit seinem Frage-Antwort-Schema versucht dieses Buch, neutrale und auf Fakten basierende Informationen über Muslime und den Islam zu vermitteln. Über den Islam gibt es immer wieder hitzige Diskussionen; dieses Buch soll einen sachlichen und möglichst objektiven Ansatz bieten – es ist keine wissenschaftliche Abhandlung über dieses Thema, sondern vermittelt, so kurz und bündig wie möglich, die nötigen historischen Hintergründe und die eine oder andere erklärende Randnotiz nach aktuellem Kenntnisstand. Das Buch soll deutlich machen, dass „der Islam" nicht schwarz oder weiß ist, sondern – im Gegenteil – aus lauter unterschiedlichen Farben und Schattierungen besteht. Schwierige und unangenehme Fragen werden genauso behandelt wie nahe liegende und einfach zu beantwortende – denn gerade die gehen in der öffentlichen Debatte oft völlig unter. Was genau steht eigentlich im Mittelpunkt des muslimischen Glaubens? Aber auch: Wie viele Anhänger hat der radikale Islam in der muslimischen Welt?

Das Buch „Alle Muslime sind …" verfolgt in erster Linie ein pädagogisches Ziel. Die Leser – Schüler wie Lehrer – werden eingeladen, selbst Fragen zu stellen und Antworten darauf zu finden. Das Buch ist sehr offen gestaltet und auf den Gebrauch für Diskussionen im schulischen Umfeld abgestimmt. Neben dem direkten Kontakt mit Muslimen ist die Vermittlung von Wissen auf lange Sicht die beste Antwort auf die Frage, ob wir unseren Standpunkt zum Islam vielleicht noch einmal überdenken sollten oder wie man Vorurteilen und verzerrten Vorstellungen vorbeugen kann. Viele Menschen – jung und alt – lassen sich, ohne selbst viel darüber zu wissen, leicht von radikalen Ansichten über den Islam beeinflussen. Darum ist die Vermittlung von Wissen so wichtig, wenn man sich eine eigene differenzierte Meinung zu politischen Fragen rund um den radikalen Islam bilden möchte. Natürlich kann auch dieses Buch nicht hundertprozentig neutral und wertfrei sein. Wenn möglich, werden Erklärungen gegeben – wenn nötig, werden aber auch unterstützende Thesen hinterfragt und die Leser zum Diskutieren eingeladen.

Fragen 1 bis 10

Fragen zu Muslimen und dem Islam

1. Wer ist Muslim?
2. Wie viele Muslime gibt es weltweit?
3. Wer hat das Sagen bei den Muslimen?
4. Glauben Muslime an den Propheten Mohammed?
5. Glauben alle Muslime dasselbe?
6. Was ist der Unterschied zwischen Sunniten und Schiiten?
7. Ist nur der Koran maßgebend für alle Muslime?
8. Warum beten Muslime so viel?
9. Was sagt der Koran zum Thema Sex und Liebe?
10. Dürfen Muslime im Ramadan gar nichts essen?

01 Wer ist Muslim?

Muslime sind Anhänger des Islam, einer der großen Weltreligionen. Neben der Glaubensrichtung bezeichnet der Begriff Islam aber auch eine jahrhundertealte Kultur. Übersetzt bedeutet der Begriff „Hingabe", und damit ist Hingabe und Unterwerfung gegenüber Allah (arabisch für „Gott") gemeint. An erster Stelle steht im Islam der Glaube an einen Gott. Wie das Judentum und Christentum zählt er damit zu den so genannten monotheistischen Religionen. In anderen Glaubensrichtungen hingegen, wie zum Beispiel dem Hinduismus, gibt es oft mehrere Götter oder Inkarnationen (Verkörperungen) von Göttern.

Muslime glauben, dass der Koran das Wort Gottes ist, das dem Propheten Mohammed (570 – 632) durch den Engel Gabriel offenbart wurde. Da er selbst wohl Analphabet war, gab er dieses Wort Gottes mündlich weiter. Der Koran umfasst 114 Kapitel, die Suren genannt werden. Nach der muslimischen Überlieferung wurden diese Suren Mohammed zum Teil in den Jahren 610 bis 622 in der Handelsstadt Mekka und zum Teil während seiner letzten zehn Lebensjahre in der Ackerbauoase Yathrib (dem heutigen Medina) offenbart. Mekka und Medina sind heute zwei der wichtigsten Religionsstätten der islamischen Welt und liegen beide in Saudi-Arabien. Schriftlich festgehalten wurde der vollständige Koran das erste Mal einige Jahre nach dem Tod des Propheten.

Muslim ist man von Geburt an, ohne dass dafür ein Aufnahmeritual, wie zum Beispiel eine Taufe, durchgeführt werden muss. Man kann es aber auch werden, indem man zum Islam übertritt. Das ist verhältnismäßig einfach: Man muss sich lediglich nach den Regeln des Islam waschen und das Glaubenszeugnis ablegen, dessen erste Zeile „Ich bezeuge, dass es keine Gottheit außer Gott gibt und dass Mohammed der Gesandte Gottes ist" lautet. Oft heißt es, dass der Islam ein sehr einfacher Glaube mit eindeutigen Regeln ist. Und tatsächlich ist es wesentlich unkomplizierter, sich zum Islam zu bekennen als ins Christentum oder Judentum einzutreten.

Der Halbmond ist das Symbol des Islam.

Türkische Schüler zwischen Tradition und Moderne.

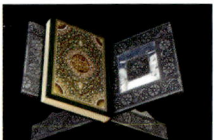

Eine Koranausgabe auf dem traditionellen Koranhalter.

Zwei wichtige Schriften

Im Islam gibt es neben dem Koran eine weitere wichtige Textsammlung, die Ahadith. Der Koran ist das Wort Gottes, das dem Propheten Mohammed offenbart wurde. Die Suren, die Kapitel des Korans, sind nicht chronologisch angeordnet, sondern ihrer Länge nach. Jede Sure setzt sich aus Versen zusammen. Das Wort Koran bedeutet übersetzt „Lesung" oder „Vortrag", denn die Heilige Schrift ist eher darauf ausgelegt, vorgelesen oder vorgetragen zu werden.

Die Ahadith dagegen sind eine große Sammlung von Überlieferungen über das Leben und Handeln und die Äußerungen des Propheten. Die meisten Teile sind in der Zeit zwischen den Jahren 800 und 850 entstanden. Für die Mehrheit der Muslime bilden die Ahadith eine Ergänzung für die Deutung des Korans, sie ist diesem aber auf jeden Fall untergeordnet.

Fünf Säulen

Der islamische Glaube basiert auf den so genannten fünf Säulen: Das sind fünf Pflichten, die jeder Muslim erfüllen sollte. Die erste Säule – Asch-Schahada – ist das Glaubenszeugnis, mit dem man seine Überzeugung kundtut, dass es nur einen Gott gibt und Mohammed sein Gesandter ist. Die zweite Säule – As-Salat – bildet das Gebet, das 5-mal am Tag gesprochen werden muss. Dazu wenden sich die Gläubigen Richtung Mekka. Während des Gebets gibt es dann eine feste Abfolge von Bewegungen und Texten. Jedes Gebet beginnt mit dem Anruf von Gottes Größe – „Allahu akbar" – und endet mit einem Friedensgruß. Die dritte Säule heißt Zakat und verpflichtet den Gläubigen zur Abgabe eines Teils seines Vermögens an wohltätige Einrichtungen und Bedürftige. Der Begriff As-Saum, der für die vierte Säule steht, bezeichnet das Fasten zur Tageszeit während des Ramadan, des neunten Monats des islamischen Jahres. Die fünfte Säule, Al-Haddsch, ist die Pilgerfahrt nach Mekka, die jeder Muslim einmal in seinem Leben machen sollte. Die meisten Muslime nehmen diese fünf Pflichten sehr ernst.

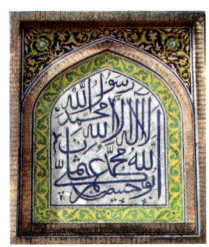

Das Glaubensbekenntnis an einer Moschee im pakistanischen Lahore.

Die Jungen verneigen sich zu Beginn des Gebets Richtung Mekka.

02 Wie viele Muslime gibt es weltweit?

Schätzungen zufolge gibt es auf der ganzen Welt rund 1,3 Milliarden Muslime. Das sind ungefähr 20 Prozent der Weltbevölkerung. Zum Vergleich: Das Christentum hat weltweit 2,2 Milliarden Anhänger. Muslime stellen in 57 Ländern der Erde die religiöse Mehrheit. Historisch betrachtet, gelten die arabischen Länder und der Iran als das Herz der islamischen Welt. Hier entstanden die ersten muslimischen Reiche (Kalifate), und die islamische Kultur kam in Städten wie Damaskus, Bagdad und Kairo zum Erblühen.

Heutzutage liegt das Zentrum des Islam zahlenmäßig allerdings eher in Süd- und Südostasien. Das Land mit der größten muslimischen Bevölkerung ist Indonesien, dort gehören in etwa 180 Millionen Menschen dem muslimischen Glauben an. Aber auch in Ländern wie Indien, Pakistan und Bangladesch leben zahlenmäßig gerechnet viele Muslime. Wenn man dagegen den Anteil der Gläubigen an der Bevölkerung betrachtet, bildet Westafrika den zweitgrößten Ballungsraum der muslimischen Welt. In Nigeria zum Beispiel – einem Land, in dem es auch sehr viele Christen gibt – leben ca. 72 Millionen Muslime und damit ebenso viele wie in Ägypten, dem größten Land der arabischen Welt.

Weltweit steigt die Zahl der Muslime noch immer an: Der Islam ist die am schnellsten wachsende Weltreligion. Dies ist vor allem mit dem starken Bevölkerungswachstum in muslimischen Ländern zu erklären, zwischen denen allerdings große Unterschiede bestehen, sowohl in soziokultureller wie auch in wirtschaftlicher Hinsicht:
So gibt es sehr reiche muslimische Länder (zum Beispiel Katar und Saudi-Arabien), aber auch extrem arme Entwicklungsländer (wie etwa Mali oder den Jemen).
In Europa – ausgenommen der Türkei, die ja größtenteils zu Asien gehört – gibt es mehr als 50 Millionen Muslime, die zum größten Teil in Osteuropa und den Balkanstaaten leben. Die muslimischen Gemeinschaften in diesen Ländern bestehen oft schon seit Hunderten von Jahren. Albanien, Bosnien-Herzegowina und der Kosovo sind die einzigen europäischen Länder, deren Bevölkerung mehrheitlich muslimisch ist.
In der Europäischen Union leben ungefähr 16 bis 18 Millionen Menschen muslimischen Glaubens. Die Gemeinden sind hauptsächlich als Folge der Arbeitsmigration aus muslimischen Ländern entstanden, die in den 1960er-Jahren ihren Anfang nahm. In der EU ist Frankreich das Land mit dem größten Muslim-Anteil (Schätzungen zufolge ca. fünf Millionen bzw. zehn Prozent der Bevölkerung).

Schülerinnen vor einer Moschee in Jakarta, Indonesien.

Die Türkei ist ein islamisch geprägtes Land, große Städte wie z.B. Ankara machen jedoch einen überwiegend westlichen Eindruck.

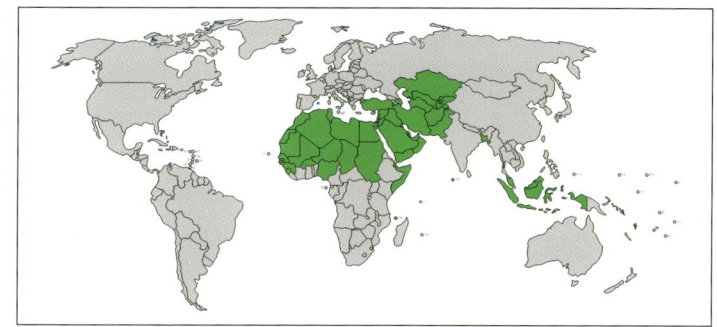

Länder mit überwiegend muslimischer Bevölkerung.

Araber

Knapp 20 Prozent aller Muslime sind Araber, aber nicht alle Araber sind Muslime (genauso wie die meisten Europäer zwar Christen sind, aber nicht alle Christen Europäer). Die arabischsprachige Welt und der dazugehörige Kulturraum erstrecken sich über einen großen Teil Nordafrikas und den Mittleren Osten, von Marokko bis hin zum Irak. In zwei der größten muslimischen Länder dagegen, der Türkei und dem Iran, wird kein Arabisch gesprochen, sondern hauptsächlich Türkisch und Farsi. In arabischen Staaten, wie dem Libanon und Ägypten, gibt es zudem sehr einflussreiche christliche Minderheiten. Und in einigen Ländern, die mit zur arabischen Welt gerechnet werden, werden neben dem Arabischen auch noch andere Sprachen gesprochen. So gehören viele Einwohner Marokkos und Algeriens beispielsweise zu den Berbern und sprechen einen Berberdialekt, während ein beträchtlicher Teil der Bevölkerung des Irak und Iran sowie der Türkei Kurden sind, die Kurdisch sprechen. Arabisch ist für Muslime deshalb so wichtig, weil der Koran in dieser Sprache verfasst ist. Übersetzungen lehnen die meisten Gläubigen strikt ab, da dabei der Text immer interpretiert werden muss und er nicht mehr das originale Wort Gottes wiedergibt.

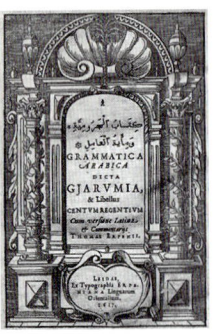

Die Grammatica Arabica des berühmtesten Orientalisten seiner Zeit Thomas van Erpe (1584–1625).

03 Wer hat das Sagen bei den Muslimen?

Im Islam gibt es keinen Papst oder einen vergleichbaren internationalen Amtsträger. Darin unterscheidet sich der Islam vom streng hierarchisch aufgebauten Katholizismus. Innerhalb der verschiedenen Ausprägungen des Islam gibt es jedoch religiöse Anführer oder Gelehrte, die als Spezialisten für die Offenbarung und Überlieferungen Achtung genießen. In fast jeder Gemeinschaft innerhalb des Islam stehen die Ulama (Einzahl: Alim = Gelehrter) vor, der zu einer Berufsgruppe von Religionsgelehrten gehört, die die Gläubigen anleiten. Diese Geistlichen entscheiden im Austausch miteinander über alle Arten von religiösen Fragen, wenn möglich so, dass alle Beteiligten sich am Ende einig sind. Zu den wichtigsten und umfangreichsten Tätigkeiten der Ulama gehören die Deutung des Korans und des Hadith, die Klärung theologischer Fragen und solcher, die das islamische Recht betreffen (siehe Frage 24).

Das Amt des Alim wird traditionell oft innerhalb einer Familie vom Vater an den Sohn weitergegeben. Die Ausbildung der Geistlichen liegt in vielen muslimischen Ländern in der Hand des Staates. Dies bedeutet jedoch nicht, dass alles von staatlicher Seite bestimmt wird, sondern kann z.B. bedeuten, dass er die Mittel für die Ausbildung zur Verfügung stellt. Eine der bekanntesten Bildungsinstitutionen der islamischen Welt ist die al-Azhar-Universität in der ägyptischen Hauptstadt Kairo. In den Augen vieler Muslime hat diese Hochschule jedoch während der letzten Jahrzehnte etwas an Prestige und Einfluss eingebüßt, weil sie sich zu solidarisch mit der säkularen (nicht religiösen) ägyptischen Regierung zeigte.

Die Tatsache, dass heutzutage auch immer öfter Laien – hauptsächlich im Internet und über das Satellitenfernsehen – religiöse Debatten führen, hat den Einfluss der Religionsgelehrten erheblich geschmälert.

In der al-Azhar-Universität in Kairo lehren besonders angesehene Gelehrte der muslimischen Welt.

In Deutschland gibt es für die Muslime keine zentrale Organisation wie die Bischofskonferenz der Katholiken oder den Zentralrat der Juden. Dadurch ist es schwierig, Entscheidungen zu vereinbaren, die für alle Muslime im Land gelten sollen, wie etwa die Festlegung von Richtlinien für einen islamischen Religionsunterricht an Schulen, die Ausbildung von Religionslehrern usw.

Imam Ein Imam ist streng genommen nur der Vorbeter beim islamischen Ritualgebet (Salat). In der Moschee nimmt er seinen Platz in der Gebetsnische ein und rezitiert Verse aus dem Koran. In den meisten Fällen übernimmt der Imam aber auch die Rolle des Leiters einer Moschee oder einer muslimischen Gemeinde. Oft wird fälschlicherweise angenommen, dass es sich bei einem Imam um ein Berufsbild handelt und man dafür eine spezielle Ausbildung braucht. Das ist jedoch nicht der Fall: Als Imam wird traditionell derjenige Gläubige bezeichnet, der das Gebet in der Moschee anleitet. Trotzdem haben heutzutage die meisten Imame tatsächlich eine geistliche Ausbildung absolviert und übernehmen wie Rabbiner oder Pfarrer viele verschiedene Aufgaben in der Gemeinde. Frauen können nach traditioneller Auffassung übrigens nur als Imame für andere Frauen tätig sein, nicht für Männer.

Ein Religionsgelehrter mit seinem Schüler.

Ein Imam im Gespräch mit Besuchern seiner Moschee.

Moschee Der Name für das Gotteshaus der Muslime stammt von dem arabischen Wort masdschid (= Ort des Verneigens/der Anbetung). Im Hauptraum befindet sich die so genannte Gebetsnische, die die Richtung nach Mekka, in die sich alle Gebete richten, anzeigt. Außerdem gibt es eine Kanzel, von der der Imam predigt. Im Gebetsraum befinden sich keine Bänke wie in einer Kirche, sondern er ist mit Teppichen ausgelegt, auf denen die Gläubigen bequem sitzen und knien können. Außen gibt es häufig einen schmalen Turm, das so genannte Minarett, von dem aus z.B. in arabischen Ländern der Muezzin zum Gebet ruft. Außerdem findet man oft einen

Eine Moschee betritt man immer ohne Schuhe!

Waschraum im Eingangsbereich, in dem die Gläubigen die rituellen Waschungen vor dem Gebet durchführen können. In vielen Fällen gehört zur Moschee noch so etwas wie ein Gemeindehaus, ein islamisches Zentrum. Eine Moschee betritt man übrigens immer ohne Schuhe. Frauen beten in der Moschee meistens getrennt von den Männern in einem abgetrennten Raum oder auf einer Empore.

Je nach Land und Kultur gibt es Gotteshäuser in den unterschiedlichsten Größen und Stilen: Moschee in Larabanga, Ghana.

Der Felsendom in Jerusalem, ein Schrein über der Stelle, an der Abraham seinen Sohn opfern wollte.

04 Glauben Muslime an den Propheten Mohammed?

Muslime glauben an Gott. Es gibt nur einen Gott, denn er ist einzigartig. Nichts kann mit Gott verglichen werden, denn es gibt einfach nichts, das wie Gott ist. Er hat keine Mit- oder Nebengötter, wie das bei Gottheiten in polytheistischen Religionen der Fall ist, und er hat auch keinen Sohn wie im Christentum. Der Islam weist ausdrücklich den christlichen Glauben an die Heilige Dreifaltigkeit im wortwörtlichen Sinn (Vater, Sohn und Heiliger Geist) zurück. In der islamischen Glaubenslehre liegt der Hauptakzent auf ebendieser Unteilbarkeit und der absoluten Einheit Gottes.

Der Prophet Mohammed nimmt im islamischen Glauben ebenfalls eine einzigartige Stellung ein, das heißt aber nicht, dass die Muslime ihn für gottgleich halten. Man könnte sagen, dass Mohammed für die Muslime einfach mit gutem Beispiel vorangegangen ist und so als bestmögliches Vorbild gesehen wird. Trotzdem war er ein ganz normaler Mensch aus Fleisch und Blut. Er war der letzte „wirkliche" Prophet – nach Moses und Jesus (– darum nennen ihn die Muslime auch „das Siegel der Propheten").

Das Porträt Mohammeds in einem französischen Buch über die Türken und ihren Glauben aus dem Jahr 1625.

Geschichten über ihn und seine Familie spielen in der Tradition des Islam eine wichtige Rolle. Seine Laufbahn als Prophet und später als politischer Führer dauerte 22 Jahre. Zusammen mit dem Koran bilden die Geschichten über Mohammeds Leben die Grundlage des islamischen Rechtssystems. Im Koran selbst steht nicht viel über den Propheten. Fast alles, was heute über ihn bekannt ist, stammt aus Texten, die im 8. Jahrhundert entstanden sind. Als bekannteste dieser Schriften gilt die Biografie

Mohammeds von Ibn Ishaq (704–767). Die Überlieferungen über den Propheten wurden also erst Hunderte von Jahren nach seinem Tod niedergeschrieben.

Bildnisse des Propheten

In Museen und Kirchen auf der ganzen Welt findet man Bildnisse von Jesus Christus, zum Beispiel in Form von Gemälden und Statuen. Auch im Buddhismus gibt es jede Menge Abbilder von Buddha. Im Islam dagegen findet man wenige Bilder des Propheten Mohammed. Das Verbot, den Propheten mit Hilfe von Bildern, Statuen oder gar als Karikatur darzustellen, geht zurück auf ein Verbot in der Bibel, demzufolge keine Abbilder von lebenden Wesen erstellt werden dürfen. Diese Regel wurde übernommen, es gibt jedoch keine ähnlich deutliche Stelle im Koran, die Bildnisse verbietet. Die Bibel wird auch von Muslimen als maßgebliches Werk angesehen, nicht aber, wie der Koran, als Wort Gottes. Im Iran, dem früheren Persien, werden jedoch schon seit Jahrhunderten Zeichnungen des Propheten angefertigt. Allerdings fehlt auf diesen Bildern oft sein Gesicht.

Bei Abbildungen des Propheten wurden früher häufig Gesicht und Hände verdeckt oder ausgespart.

Keine Mohammedaner

In Europa wurden Muslime früher oft als Mohammedaner bezeichnet. Muslimen ist das allerdings gar nicht recht, denn aus diesem Namen könnten im Vergleich mit der Bezeichnung „Christen" falsche Schlüsse gezogen werden. Christen bekennen sich schließlich zu Jesus Christus als Sohn Gottes, während die Muslime Mohammed keineswegs als gottgleich betrachten. Auch damit dieses Missverständnis gar nicht erst entstehen kann, möchten sie lieber nicht Mohammedaner genannt werden.

05 Glauben alle Muslime dasselbe?

Im Islam gibt es viele verschiedene Strömungen, regionale Ausprägungen und ganz unterschiedliche Auffassungen: Die muslimische Welt setzt sich aus einer breiten Palette zusammen: von ultraorthodox bis fast atheistisch und von politisch radikal bis mystisch.

Viele Muslime betrachten ihren Glauben als wichtige Grundlage ihrer Identität, als richtungweisend und Sinn stiftend sowie als Basis für Geselligkeit. Zudem gibt er ihnen ein starkes Gemeinschaftsgefühl.
Außerdem gibt es einen festen Kern von Pflichten, Ritualen und Glaubensinhalten, die für alle Muslime gelten. Die Pflichten sind für alle Gläubigen durch die fünf Säulen des Islam festgelegt (siehe Frage 1), egal welcher Richtung sie letztlich angehören.
Die Glaubensinhalte der meisten Muslime unterscheiden sich größtenteils gar nicht so sehr von christlichen oder jüdischen Ansichten: Im Mittelpunkt des islamischen Glaubens steht die Auffassung, dass Allah einzigartig ist und die Welt erschaffen hat. Im Koran, der Offenbarung Gottes, steht u.a. geschrieben, an was für Regeln die Menschen sich halten müssen. Am jüngsten Tag schließlich soll Gott über alle Menschen urteilen, und wer sich an die göttlichen Regeln gehalten und seine Pflichten erfüllt hat, hat gute Chancen, ins Paradies zu kommen. Muslime glauben also an die Wiederauferstehung und an ein Leben nach dem Tod. Muslime glauben außerdem an Engel – sie werden im Koran an mehr als 80 Stellen erwähnt – und an den Teufel. Engel sehen sie als Wesen, die zum Beispiel zwischen Mensch und Gott stehen und dem Menschen als Boten Gottes erscheinen können. Satan, der Teufel, hat sich Gott widersetzt und die Menschen zudem in Versuchung geführt. Muslime glauben, dass der Koran das Wort Gottes ist („die Mutter aller Bücher"), aber ihrer Ansicht nach sind auch einige Texte aus der Bibel, wie beispielsweise die zehn Gebote, die Psalmen von König David und das Evangelium Jesu göttlichen Ursprungs. Aus dem Alten Testament gelten im muslimischen Glauben z.B. Noah, Abraham und Moses sowie aus dem Neuen Testament Jesus als Propheten. Einen besonderen Stellenwert besitzen jedoch Moses, Jesus und Mohammed, da diesen drei Propheten das Wort Gottes offenbart wurde.

Der Koran ist für die Muslime das Wort Gottes.

Aleviten Eine der vielen Strömungen innerhalb des Islam ist der Alevismus. Die Aleviten sind eine kulturell heterogene (vielfältige) Gruppe mit sehr unterschiedlichen Anschauungen, was Glaube und Lebensprinzipien angeht. Anhänger des Alevismus erkennen den Koran als Heilige Schrift an, orientieren sich jedoch weit weniger an der wörtlichen Interpretation des Korans als viele andere Muslime. Die Aleviten sind der Meinung, dass der Mensch kein Sklave Gottes sein muss, sondern vielmehr das vollkommene Ergebnis seiner Schöpfung ist. Das Gebet der Aleviten findet nicht in einer Moschee statt, sondern in einem Versammlungshaus (Cemevi). Männer und Frauen beten hier auch nicht getrennt. Oft werden Aleviten von streng orthodoxen Muslimen nicht als Glaubensgenossen anerkannt, manche sehen sich selbst auch nicht als solche. In der Türkei, dem Land mit der größten alevitischen Glaubensgemeinde (schätzungsweise 15 bis 20 Millionen Mitglieder), werden sie jedoch trotzdem zu den Muslimen gerechnet. Etwa ein Viertel aller Türken und Kurden, die in Deutschland leben, sind Aleviten (siehe Frage 40).

Sufis Wieder eine andere, sehr einflussreiche Strömung innerhalb des Islam bilden die Ordensgemeinschaften des Sufismus. Diese mystische Strömung hat sich schon sehr früh herausgebildet: Bereits im 8. Jahrhundert gab es viele Sufi-Orden. Die wahrscheinlich bekanntesten Vertreter dieser Glaubensrichtung sind die tanzenden Derwische in der türkischen Stadt Konya. Diese versetzen sich durch schnelle Drehungen in eine Art religiöse Ekstase und versuchen so, mit Gott in Kontakt zu treten. Ziel ist es hierbei, Gott so „nah" wie möglich zu kommen. Bei den Sufis wird Gott nämlich als sehr

Derwische in Konya.

viel greifbarer betrachtet, als es in den meisten islamischen Strömungen der Fall ist. Die menschliche Seele vergleichen die Sufis mit einem Spiegel. Wenn man diesen gut abschleift und regelmäßig putzt, spiegelt er das Göttliche wider. Auch in seinen Mitmenschen kann man Gott erkennen. Innerhalb des Sufismus selbst gibt es noch einmal viele unterschiedliche Schulen, von denen einige auf internationaler und andere auf lokaler Ebene aktiv sind. Die Internationale Sufi-Bewegung, die Anfang des 20. Jahrhunderts von dem indischen Musiker und Mystiker Hazrat Inayat Khan (1882 – 1927) gegründet wurde, ist auch in Deutschland vertreten.

Ein Leben nach dem Tod?

Für Leute, die nicht gläubig sind oder nicht religiös erzogen wurden, klingen Konzepte wie „Wiederauferstehung" oder „Leben nach dem Tod" sicherlich etwas merkwürdig. Dahinter steckt jedoch durchaus eine logische Sichtweise: Wenn man davon ausgeht, dass unsere Existenz nach dem Tod einfach zu Ende ist, ist die Versuchung groß, einfach drauflos zu leben und nichts, was einem im Leben widerfährt, besonders ernst zu nehmen. Betrachtet man das Leben aber als eine Art Vorrunde vor dem Eintritt in die Ewigkeit, so versucht man, sein Dasein schon mal auf das, was danach kommt, auszurichten. Dafür muss sich jeder an bestimmte Regeln halten und Pflichten erfüllen. Der Glaube an ein Leben nach dem Tod hat also durchaus wichtige Auswirkungen auf das Leben vor dem Tod.

Muslimischer Friedhof in Marokko.

Die Sehitlik-Moschee auf dem Türkischen Friedhof am Columbiadamm in Berlin. Dieser ist die älteste Begräbnisstätte für Muslime in Deutschland und wurde 1863 angelegt.

Wahhabiya Die Wahhabiya oder Wahhabiten sind eine sehr konservative Sekte innerhalb des Islam. Wahhabiten berufen sich auf die Lehre von Mohammed ibn Abd al-Wahhab, einem Religionsgelehrten aus dem Land, das heute Saudi-Arabien heißt. Al-Wahhab lebte im 18. Jahrhundert und wollte den osmanischen Islam von allen Neuerungen sowie der Verehrung von Heiligen säubern. Die Wahhabiten nennen sich selbst jedoch anders; sie sehen sich als „Menschen der Einheit (Gottes)". Der Wahhabismus ist in Saudi-Arabien die Staatsreligion. Durch die finanzielle Unterstützung von Moscheen und Koranschulen – mit Geld, das der Verkauf von Rohöl abwirft – konnte sich der Wahhabismus über die ganze Welt ausbreiten. Die Wahhabiya ist eng mit radikalen Strömungen innerhalb des politischen Islam verwandt (siehe auch Frage 34).

06 Was ist der Unterschied zwischen Sunniten & Schiiten?

Als der Prophet Mohammed im Jahr 632 starb, hinterließ er der Nachwelt nicht nur eine neue Religion, sondern auch ein neues politisches System. Anders als zum Beispiel Jesus oder Buddha war Mohammed nicht nur ein Glaubensbegründer, sondern auch ein erfolgreicher Feldherr, Rechtssprecher und Staatsmann (siehe auch Frage 11). In den Jahren nach Mohammeds Tod breitete sich der Islam durch die arabischen Eroberungen schnell von der Arabischen Halbinsel in den Mittleren Osten aus (über Syrien, Ägypten, den Irak und Teile des Iran). Diese erste Zeit, in der sich der Islam nach und nach zur Weltreligion entwickelte, war geprägt von Streit und Uneinigkeit über die Nachfolge Mohammeds. Von den ersten vier Kalifen („chalifa" heißt übersetzt „Nachfolger"), die die Rolle des Führers der islamischen Gemeinschaft übernahmen, wurden drei ermordet. Der letzte dieser gewählten Kalifen war Ali, ein Neffe Mohammeds, der bei seinem Onkel aufgewachsen war und dessen Tochter Fatima geheiratet hatte. Die ErmordungAlis und seines Sohns Husain 30 Jahre später führte zu einem Schisma (Riss) in der gerade erst erblühten, schnell anwachsenden islamischen Gemeinschaft. Die Mehrheit der Muslime, die später Sunniten genannt wurde, war der Meinung, dass der am besten qualifizierte Gläubige die Nachfolge Mohammeds antreten solle. Eine kleinere Gruppe, die sich als „Schi'at Ali" (Partei Alis) bezeichnete – heute kurz „Schia" genannt, die Anhänger heißen Schiiten – wollte aber, dass die Nachfolge Mohammeds innerhalb der Familie weitervererbt werden solle. Ali war für sie der erste rechtmäßige Nachfolger Mohammeds.

Der Unterschied zwischen Sunniten und Schiiten basierte zunächst also nicht auf dogmatischen Unstimmigkeiten (unterschiedlichen Ansichten über die Glaubenslehre), sondern eher auf einer politischen Meinungsverschiedenheit über die Nachfolge des Propheten. Ein bedeutender Unterschied besteht jedoch auch darin, dass im schiitisch ausgerichteten Islam ein Imam viel mehr als politischer und religiöser Anführer gesehen wird als bei den Sunniten. Deshalb gibt es im Iran z.B. neben dem Präsidenten auch einen Religionsführer als religiöses Staatsoberhaupt und den Wächterrat, der kontrolliert, ob die Gesetze, die das Parlament beschließt, mit dem islamischen Recht, der Scharia, vereinbar sind.

Im Laufe der Jahrhunderte haben die Sunniten und Schiiten an ihren gegensätzlichen Auffassungen zur Geschichte ihres Glaubens festgehalten, die Unterschiede haben sich sogar weiter vertieft. Die Sunniten hatten jahrhundertelang die Oberhand, sowohl zahlenmäßig (85 Prozent aller Muslime weltweit sind Sunniten) als auch politisch. Die Schiiten sind in vielen muslimischen Ländern eine unterdrückte Minderheit. Nur im Iran (90 Prozent), im Irak (60 Prozent) und in Aserbaidschan (75 Prozent) sind die Schiiten in der Mehrheit.

Die Imam-Ali-Moschee in Nadschaf, Irak, ist eines der wichtigsten Heiligtümer der Schiiten. Darin befindet sich das Grab des Kalifen Ali.

Der Verborgene Imam

Im schiitischen Islam gilt als rechtmäßiger Nachfolger Kalif Alis (und somit als Glaubensführer) dessen Sohn, dann wiederum dessen Sohn und so weiter. Auf diese Weise war die Nachfolge des Propheten erblich geregelt, bis im Jahr 874 der kinderlose zwölfte Imam (und Nachfolger Mohammeds) spurlos verschwand. Die Schiiten glauben, dass dieser „Verborgene Imam" am Jüngsten Tag als Mahdi (von Gott gesandter Messias) zurückkehren und die perfekte islamische Gesellschaft errichten wird. Im Iran, dem Land mit der größten schiitischen Glaubensgemeinschaft, sahen viele Menschen diesen zurückgekehrten Verborgenen Imam in Ayatollah Khomeini, dem Anführer der iranischen Revolution im Jahr 1979 und Gründer der iranischen Republik. Khomeini starb jedoch im Jahr 1989. Das Warten und sogar Hoffen darauf, dass die Endzeit anbricht, spielt jedoch nach wie vor eine wichtige Rolle im Glaubensleben der Iraner und sogar in der Politik der Islamischen Republik Iran.

Steuern

Das schiitische System im Iran ist stärker hierarchisch aufgebaut als die geistlichen Systeme in sunnitisch-islamischen Ländern. Ganz oben in der Hierarchie stehen die Ayatollahs („Zeichen Gottes"), die auch als „Quelle" oder „Instanz der Nachahmung" bezeichnet werden. Besonders anerkannte Ayatollahs werden Großayatollahs genannt. Der heutige Iran ist eine islamische Republik, der eigentliche Machthaber ist aber der Oberste Rechtsgelehrte z. Zt. Ali Khamenei. Die iranische Bevölkerung muss drei Arten von Steuern zahlen: die reguläre Steuer an den Staat, die Almosenabgabe (Zakat), die auch Menschen in vielen anderen muslimischen Ländern leisten – jährlich 2,5 Prozent des gesamten Vermögens –, und eine Art Religionssteuer, die so genannte Khums. Diese letzte Steuer beträgt 20 Prozent des Einkommens und muss an einen Mullah (Sammelbegriff für jede Art von iranischen Geistlichen) gezahlt werden. Das Geld wird dann für die Bereiche Bildung oder Gesundheit und die Verbreitung des Glaubens verwendet. Ein Geistlicher niedrigeren Ranges muss jedoch einen Teil des Geldes an einen in der Hierarchie über ihm Stehenden abgeben. Die Khums-Steuer ist ein wichtiger Grundpfeiler des Mächtesystems der iranischen Geistlichkeit.

*Ali Khamenei (*1939), Oberster Rechtsgelehrter (Religionsführer) des Iran.*

07 Ist nur der Koran maßgebend für alle Muslime?

Für viele Muslime hat der Koran wesentlich mehr praktische Bezüge zum alltäglichen Leben als die Bibel für die meisten Christen. Muslime unterscheiden sich dadurch von Juden und Christen, dass sie dem Wort Gottes unterworfen sind, und der Koran ist die wortwörtliche Niederschrift, in der Gott selbst in der ersten Person zu den Menschen spricht. Für orthodoxe Juden zum Beispiel ist die Thora ähnlich unantastbar, da Gott selbst sie auf dem Berg Sinai Moses übergeben hat.

Moderne Juden und Christen dagegen sehen die Bibel eher als eine Sammlung schöner Geschichten mit symbolischer Bedeutung. So vernehmen sie zwar die Stimme Gottes in der Bibel, sind sich aber bewusst, dass die Texte selbst von Menschen verfasst wurden. Gläubige Muslime dagegen sollten den Koran oder auch Teile des Korans besser nicht kritisieren – schon gar nicht öffentlich –, und sei es nur, um keine Probleme mit Geistlichen zu bekommen. Allerdings sind mittlerweile in manchen Koranausgaben viele Verse mit Fußnoten versehen, in denen erklärt wird, in welchem Zusammenhang sie offenbart wurden, denn auch Muslime gehen heute immer mehr dazu über, bei der Interpretation der Koranverse die Situation mit einzubeziehen, vor deren Hintergrund sie entstanden sind. Trotzdem wird der Koran stets sehr respektvoll behandelt: Seine Inhalte werden nicht angezweifelt und gelten als Richtschnur für das muslimische Leben.

In vielen muslimischen Ländern lernen Kinder anhand des Korans lesen. In staatlichen Schulen stehen Religionsunterricht und Arabisch auf dem Stundenplan. Außerdem gilt es als eine achtungsvolle Fertigkeit, dass man auswendig aus dem Koran zitieren kann.

Im Herbst 2010 provozierte ein fundamentalistischer Geistlicher einer evangelikalen Splittergruppe in Florida die gesamte muslimische Welt, indem er ankündigte, am Jahrestag des Angriffs auf das World Trade Center durch islamistische Terroristen eine Ausgabe des Korans verbrennen zu wollen. Islamische Staaten kündigten Demonstrationen und diplomatische Konsequenzen gegen die USA an. Nach scharfen Protesten von Geistlichen aller Glaubensrichtungen und Politikern sagte der Pfarrer die Aktion schließlich ab.

6666 Verse Die Suren, wie die Kapitel des Korans genannt werden, sind nicht chronologisch angeordnet, sondern ihrer Länge nach. Anders als in den Heiligen Schriften im Christen- oder Judentum sind die Suren weniger erzählend aufgebaut. Jede Sure – die für westliche Ohren wahrscheinlich mehr wie eine Art Predigt mit einer Moral am Ende klingt als wie eine Geschichte –

setzt sich aus Versen zusammen. Insgesamt gibt es 6666. Das Wort Koran bedeutet übersetzt „Lesung" oder „Vortrag", denn die Heilige Schrift ist eher darauf ausgelegt, vorgelesen oder vorgetragen zu werden.

Doch Menschenwerk?

Für die meisten Muslime gilt der Islam als der wahre Glaube und alle sehen den Koran als das wahre Wort Gottes an. Allerdings musste der Koran in seiner Entstehungszeit als Buch mehrere Stadien durchlaufen: Allein durch die Tatsache, dass in der Urfassung keine so genannte diakritische Zeichen (= Striche und Punkte, die bestimmte Buchstaben verändern) vorhanden waren, gab es viele Diskussionen um die Bedeutung einzelner Wörter. Erst viele Jahrhunderte nach dem Tod des Propheten Mohammed einigte man sich auf die heute gebräuchliche Schreibweise, die nun als offizielle des Korans gilt und fast überall in Gebrauch ist: Im Jahr 1923 erstellten Gelehrte der Al-Azhar-Universität auf Ersuchen des ägyptischen Königs Fouad eine Standardausgabe des Korans. Abweichend davon gibt es auch Meinungen, nach denen durch das Niederschreiben des Korans nach dem Tod des Propheten Unterschiede zum ursprünglichen Text entstanden sind. Das könnte z.B. dadurch geschehen sein, dass mehrere Schreiber sich abwechselten und dadurch Fehler passierten oder dass beim Abschreiben Fehler auftraten.

Koranhandschrift aus dem 8. oder 9. Jh. (Sure 48)

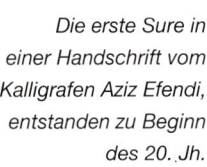

Die erste Sure in einer Handschrift vom Kalligrafen Aziz Efendi, entstanden zu Beginn des 20. Jh.

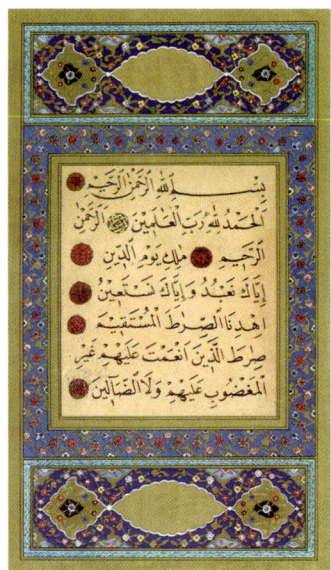

08 Warum beten Muslime so viel?

In allen Religionen dient dem Gläubigen besonders das Gebet dazu, mit Gott in Kontakt zu treten und seine Beziehung zu ihm zu pflegen. Für die Muslime ist es die wichtigste Art, ihre religiösen Pflichten zu erfüllen. Das rituelle Gebet (As-Salat) bildet nach dem Glaubenszeugnis die zweite Säule oder Grundfeste des Islam. Daneben gibt es aber auch andere, „freie" Arten, zu beten. Entsprechend der Regeln muss das Salat 5-mal am Tag durchgeführt werden: kurz vor Sonnenaufgang, um die Mittagszeit, am Nachmittag, bei Sonnenuntergang und noch einmal in der Zeit zwischen Sonnenuntergang und Mitternacht. Der Wortlaut des Gebets sowie bestimmte Körperhaltungen, die das Ganze begleiten, sind vorgeschrieben. Das Gebet darf an jedem beliebigen Ort mit dem Gesicht Richtung Mekka durchgeführt werden. In der Moschee und zu Hause benutzen viele Muslime einen Gebetsteppich. Die Pflicht des rituellen Gebets gilt auch für Frauen, solange sie nicht gerade ihre Periode haben. Dann müssen sie nicht am Gebet teilnehmen. In einigen muslimischen Ländern schließen zu den Gebetszeiten sogar die Läden, und die Menschen lassen bei der Arbeit alles stehen und liegen. Es halten sich jedoch nicht immer alle Muslime an die Regel, 5-mal am Tag zu beten. Genauso wenig, wie Christen jeden Sonntag in die Kirche gehen. Aber auch dies ist von Land zu Land und von Region zu Region bzw. von Mensch zu Mensc sehr unterschiedlich.

Das rituelle Gebet ist die zweite Säule des Islam.

Zeit, zu beten? In muslimischen Ländern schallt selbst im kleinsten Dörfchen 5-mal am Tag ein Aufruf zum Gebet über die Hausdächer. Der Aufruf wird meist über Tonband oder CD von den Minaretten (Türmen) der Moscheen abgespielt. Früher wurden diese Aufrufe „live" von einem speziellen Amtsträger, dem

Muezzin, vorgenommen. An manchen Orten ist das sogar heute noch so. Wie aber weiß ein gläubiger Muslim in Deutschland, der keinen solchen Aufruf hört, wann es Zeit fürs Gebet ist? Dafür gibt es allerlei Hilfsmittel: vorgedruckte Tabellen, Computerprogramme mit Warnfunktion sowie Websites, auf denen man sich über die richtige Gebetszeit informieren kann.

Von den Minaretten aus werden die Gläubigen 5-mal am Tag zum Gebet gerufen.

Eingang zu einer Moschee, diese wird niemals mit Schuhen betreten.

Mekka Wenn Muslime beten wollen, müssen sie sich innerhalb einer bestimmten Zeitspanne gen Mekka richten. Mekka ist die wichtigste Stadt des Islam, deswegen werden Moscheen stets so gebaut, dass eine der Wände nach Mekka zeigt. In dieser Mauer befindet sich dann die Gebetsnische. Das erinnert an Kirchen, deren Schiff mit dem Altar immer Richtung Osten/Jerusalem zeigt. Mekka ist die Stadt des Hadsch, der Pilgerfahrt, die jeder Muslim einmal in seinem Leben machen sollte (fünfte Säule des Islam).
In der großen Moschee von Mekka, der Masjid al-Haram, steht die Kaaba. Dieser schwarze, würfelförmige Raum ist das zentrale Heiligtum des Islam. Für Hunderte Millionen von Muslimen ist die Kaaba das heiligste Gebäude auf der ganzen Welt. Im Koran steht, dass sie von Adam gebaut und später von Abraham und seinem Sohn Ismail wiedererrichtet wurde. Eingebaut in die Kaaba ist ein schwarzer Stein aus Lava oder Basalt, der laut Überlieferung vom Himmel gefallen ist. Der Stein ist zerbrochen und wird von einem silbernen Rahmen zusammengehalten. Die Kaaba selbst ist in ein Tuch aus schwarzem Brokat gehüllt, in das mit Goldfaden Koranverse gestickt sind. Pilger bewegen sich um die Kaaba herum im Kreis. Damit ahmen sie die Engel nach, die ununterbrochen um den Thron Gottes kreisen.

Richard Francis Burton (1821–1890) hat als einer der wenigen Westeuropäer 1853 eine Hadsch durchgeführt. Da der Besuch der Städte Mekka und Medina für Nicht-Muslime verboten ist, verkleidete sich Burton, der ausgezeichnet Arabisch sprach und den Islam gründlich studiert hatte, als muslimischer Pilger. Er veröffentliche 1855 ein Buch über seine Reise.

rechts oben:
Die Kaaba in der Moschee von Mekka.

Während der Hadsch umkreisen die Gläubigen die Kaaba 7-mal entgegen dem Uhrzeigersinn.

09 Was sagt der Koran zum Thema Sex und Liebe?

Viele Menschen im Westen verbinden mit dem Islam einen sehr konservativen und puritanischen Umgang mit dem Thema Sexualität und starre Einschränkungen der individuellen sexuellen Freiheit vor allem von Mädchen und Frauen. Dabei ist das Thema Sexualität in der muslimischen Welt eigentlich gar nicht so tabu, wie viele Menschen im Westen denken. In der islamischen Tradition ist Sex nicht nur auf Fortpflanzung ausgerichtet. Spaß am Sex ist nicht nur erlaubt, sondern wird sogar angeraten und gilt als Tugend. Es gibt allerdings eine wichtige Einschränkung: Das gilt nur für verheiratete Paare! Die Ehe als Geschlechtsgemeinschaft wird als Geschenk Gottes gesehen, und so gilt ein Singleleben ohne Ehe und Sex auch nicht als heilig. Aber Sex außerhalb der Ehe ist (nach traditioneller Ansicht) verboten. Besonders Mädchen und Frauen, die vor der Ehe sexuelle Kontakte haben, werden scharf verurteilt; eine Frau sollte als Jungfrau in die Ehe gehen. Mit Männern, die vor der Ehe sexuell aktiv sind, ist man dagegen viel toleranter. Die Ehe gilt in der muslimischen Welt als ein sozialer Vertrag mit göttlicher Bewilligung und wird in vielen Ländern schon in sehr jungen Jahren geschlossen. Das hängt aber auch wieder sehr stark davon ab, ob man auf dem Land oder in der Stadt wohnt: In den Städten wird meist nicht ganz so jung geheiratet. Romantische Verliebtheit ist nicht unbedingt eine Voraussetzung für die Ehe, allerdings heißt es im Koran, dass Liebe in der Ehe durchaus wichtig ist. Sure 30 besagt, dass die Ehe ein Zeichen dafür ist, dass Gott für die Menschen sorgt und „Liebe und Barmherzigkeit" zwischen Frau und Mann sät.

Gemälde einer mittelalterlichen iranischen Hochzeitszeremonie.

Das Zusammenleben beschränkt sich in muslimischen Ländern nicht so sehr auf die Ehe und den engen Familienkreis, sondern umfasst vielmehr die Familie im weitesten Sinne. Familiäre Werte sind für fast alle Muslime sehr wichtig. Besonders auf dem Land stellen Hochzeiten in erster Linie die Verbindung zweier Familien dar, so wie es zu Beginn des letzten Jahrhunderts auch noch in vielen Gegenden Deutschlands der Fall war. Nach dem islamischen Gesetz ist es auch erlaubt, zum Beispiel seinen Cousin oder seine Cousine zu heiraten. Auch wenn solche Hochzeiten nicht in allen muslimischen Ländern Brauch sind, gibt es Gegenden, in denen diese Ehen früher allgemein üblich waren. Der Vorteil solcher Ehen ist, dass die Brautmitgift, die eigentlich laut Koran zur Absicherung der Frau dient und deren Eigentum bleibt, in der Familie bleibt sowie auch Besitztümer innerhalb der Verwandtschaft weitervererbt werden.

Polygamie

Das muslimische Gesetz (siehe auch Frage 24) gesteht Männern das Recht auf Polygamie zu: Sie dürfen demnach mit mehreren Frauen gleichzeitig verheiratet sein, höchstens jedoch mit vier. Frauen dagegen dürfen nur einen Ehemann haben. Voraussetzung für eine polygame Ehe ist, dass der Mann seine Lebenspartnerinnen versorgen und jeder Einzelnen genügend Zeit und Aufmerksamkeit widmen kann. In vielen muslimischen Ländern sind aber noch sehr viel mehr Bedingungen an polygame Ehen geknüpft. In der Türkei ist diese Art der Ehe seit 1926 offiziell verboten, kommt jedoch hin und wieder immer noch vor, besonders im Osten des Landes. Im Jahr 2010 geriet zum Beispiel ein Berater des türkischen Präsidenten Erdogan in die öffentliche Diskussion, weil er sich eine vierte Ehefrau nehmen wollte. In Deutschland sind solche Ehen nicht rechtmäßig. Schon seit dem 19. Jahrhundert wird die polygame Ehe von vielen Muslimen als unzumutbar abgelehnt und kommt in der Realität immer seltener vor.

„Ehe auf Zeit"

Die so genannte „Ehe auf Zeit" ist eine weitere umstrittene Eheform im Islam und nur unter Mitgliedern der schiitischen Glaubensgemeinschaft verbreitet. Bei dieser Form der Ehe können ein Mann und eine Frau für eine vorher festgelegte Zeitspanne heiraten. Das können mehrere Jahre, in manchen Fällen aber auch nur ein paar Stunden sein. Der Mann zahlt der Frau

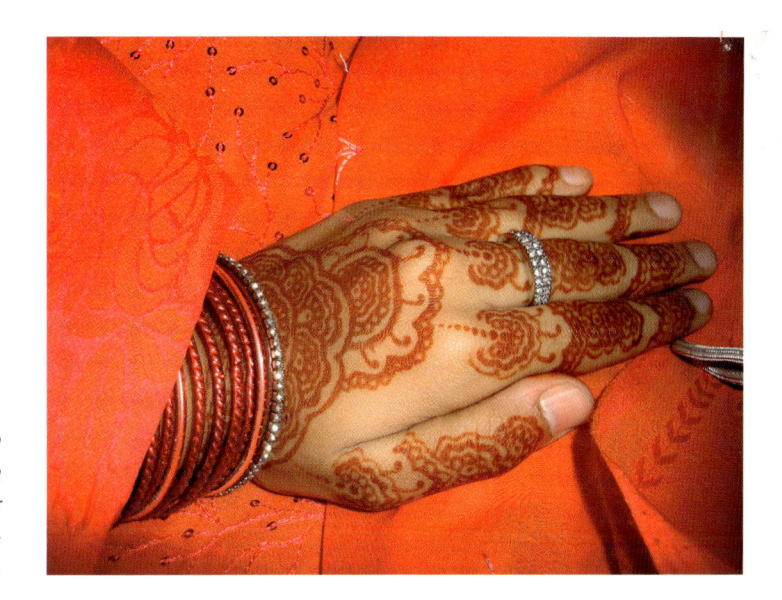

Bei traditionellen Hochzeiten werden u.a. die Hände der Braut oft mit Hennaornamenten bemalt.

dafür eine Geldsumme. Kritiker bezeichnen die Ehe auf Zeit daher als eine Art legalisierte Prostitution. Im Iran, dem Land mit der größten schiitischen Glaubensgemeinde, wurde die Ehe auf Zeit nach der islamischen Revolution immer beliebter, besonders weil einige religiöse Amtsträger diese Eheform als Alternative zu sexueller Freizügigkeit empfahlen. Viele Imame und Ayatollahs sprechen sich jedoch ausdrücklich gegen die Ehe auf Zeit aus.

10 Dürfen Muslime im Ramadan gar nichts essen?

Das Fasten während des islamischen Monats Ramadan gehört zu den fünf Säulen (Pflichten) des Islam. Von Sonnenaufgang bis Sonnenuntergang dürfen Muslime während des Ramadans nichts essen oder trinken. Auch Rauchen, Sex und böser Klatsch sind in dieser Zeit verboten.

Kleine Kinder, schwangere Frauen, Kranke und Menschen, die besonderen Belastungen ausgesetzt werden, sind jedoch von der Fastenpflicht ausgenommen. Nach Sonnenuntergang wird das Fasten bis zum nächsten Morgen unterbrochen. In vielen muslimischen Ländern wird der Ramadan streng eingehalten – zumindest in der Öffentlichkeit. Zu Hause hält man sich oft weniger genau an die Fastenregeln. In den größeren Städten der Türkei zum Beispiel sind viele Restaurants auch während des Ramadans geöffnet.

Wie streng die Regeln des Fastenmonats befolgt werden, ist von Land zu Land und von Mensch zu Mensch ganz unterschiedlich, aber für fast alle Muslime gilt dieser Monat als ganz besondere Zeit des Jahres. Die üblichen Pflichten (wie etwa Arbeit und Schule) gehen ganz normal weiter, somit ist der Ramadan also nicht mit religiösen Feiertagen oder Ferien zu vergleichen. Tagsüber ist das Leben aber sehr viel ruhiger, und alles verläuft etwas langsamer. Viele soziale Aktivitäten werden auf den Abend oder sogar bis in die Nacht verschoben. In Ländern, in denen sich die Menschen strenger an das Fastengebot halten, öffnen Läden, Cafés und Restaurants oft erst nach Sonnenuntergang und schließen wieder nach Mitternacht. Im ägyptischen Fernsehen laufen während des Ramadan viele neue Serien oder beliebte Soaps, denn in dieser Zeit sehen besonders viele Menschen bis tief in die Nacht fern. Geistliche aus dem Mittleren Osten warnen jedoch immer wieder vor der zunehmenden Kommerzialisierung des Ramadans.

Das Fasten hat für viele Muslime eine spirituelle Bedeutung, sie fühlen sich Gott dann näher als während des restlichen Jahres. Wenn der Ramadan zu Ende geht und der neue Monat anbricht, ist die Fastenzeit vorbei, und das mehrtägige Ramadanfest (Il-ul-fitr) beginnt.

Während des Ramadans finden in den Moscheen häufig besondere Veranstaltungen statt, und die Menschen kommen dorthin, um zu beten oder zur Ruhe zu finden.

Der islamische Kalender

Auf der ganzen Welt gilt der so genannte Gregorianische Kalender, der sich nach dem Lauf der Erde um die Sonne richtet. Der nach Papst Gregor XIII. benannte Kalender ist aber eine christliche Festlegung: Das Geburtsdatum Jesu bildet das Jahr null. Muslime haben ihren eigenen Kalender, dessen Anfangspunkt der Tag ist, an dem Mohammed mit seinen Anhängern von Mekka nach Medina zog (nach dem Gregorianischen Kalender ist das der 16. Juli 622). Der islamische Kalender ist ein Mondkalender und orientiert sich am Lauf des Mondes um die Erde. Auch in der islamischen Welt hat das Jahr zwölf Monate, die aber alle ungefähr einen Tag kürzer sind als nach dem Gregorianischen Modell. Demnach hat ein Jahr nach dem islamischen Kalender also elf Tage weniger. Das erklärt auch, warum der Ramadan in den Augen eines Westlers jedes Jahr elf bis zwölf Tage früher beginnt als im Jahr zuvor. Der Ramadan (übersetzt „Hitze und Trockenheit") ist der neunte Monat des islamischen Jahres.

Das „Zuckerfest"

Das zwei oder drei Tage dauernde „Zuckerfest" wird am Ende des Ramadans gefeiert und bedeutet gleichzeitig das Ende der Fastenzeit. Nicht alle Muslime sind mit der Bezeichnung glücklich, denn die spielt ja lediglich auf das Essen von Süßigkeiten an. Zum Vergleich: Weihnachten heißt bei Christen schließlich auch nicht Spekulatius- oder Lebkuchenfest. Darum wird das Ramadanfest oft auch einfach „Kleines Fest" genannt (das Opferfest ist dann das „Große Fest"). Natürlich kommen aber während des Ramadanfests auch tatsächlich viele süße Gerichte und Leckereien auf den Tisch, man geht in die Moschee, besucht Verwandte und macht insbesondere den Kindern Geschenke. Das Zuckerfest wird jedoch nicht von allen Muslimen zur gleichen Zeit gefeiert. Das liegt daran, dass die Muslime auf der ganzen Welt unterschiedliche Methoden haben, um zu berechnen, wann die neue Mondsichel sichtbar wird (und der neue „Mondmonat" beginnt).

Zum Fastenmonat Ramadan gibt es in den verschiedenen islamischen Ländern unterschiedliche Traditionen. In Ägypten werden zu der Zeit z.B. bunte Laternen aufgehängt.

Fragen 11 bis 15

Fragen zur Geschichte

11. Wurde der Islam im Mittelalter mit dem Schwert verbreitet?
12. War Europa schon immer ein christlicher Kontinent?
13. Welche Folgen hatten die Kreuzzüge für Christen und Muslime?
14. Sind die Kreuzzüge mit heutigen Kriegen vergleichbar?
15. Wie lebten Muslime im mittelalterlichen Spanien?

11 Wurde der Islam im Mittelalter mit dem Schwert verbreitet?

Der gesamte Mittlere Osten war zu Lebzeiten des Propheten Mohammed Schauplatz eines Konflikts zwischen zwei Supermächten, nämlich zwischen dem Byzantinischen Reich und dem Persischen Reich (Sasanidenreich).

Mohammed war es in seinen letzten Lebensjahren gelungen, die Stämme auf der Arabischen Halbinsel zu einem Bund zu einen. Sein Tod im Jahr 632 markiert den Beginn eines militärischen Siegeszuges von der Halbinsel bis fast über den ganzen Mittleren Osten. In relativ kurzer Zeit eroberten die arabischen Beduinenheere zunächst Syrien, den Irak, Ägypten und Teile des Iran (Persien), um ein paar Jahrzehnte später auch den Norden Afrikas und Spanien einzunehmen. Dieser arabische Eroberungsfeldzug im 7. und zu Beginn des 8. Jahrhunderts war außerordentlich erfolgreich. Es entstand ein Weltreich, das sich von Spanien über das heutige Marokko bis nach Pakistan erstreckte. Das enorme Ausmaß dieses Reiches lässt sich mit der Größe der heutigen Russischen Föderation vergleichen. Nur Konstantinopel, die damalige Hauptstadt des Byzantinischen Reiches, konnten die Araber trotz zweier Versuche nie einnehmen.

Dennoch kann man nicht behaupten, dass der Islam im Mittelalter „mit Feuer und Schwert" verbreitet wurde. Zunächst einmal handelte es sich bei den arabischen Eroberungsfeldzügen nicht um Religionskriege, die sich gegen das Christentum richteten. Ziel der territorialen Ausbreitung der islamischen Welt war nicht die Verbreitung eines neuen Glaubens. Im Mittleren Osten und in Nordafrika herrschte damals überwiegend das Christentum, doch die arabischen Truppen ließen nach der Eroberung Kirchen, Klöster und einfache Christen weitgehend in Frieden. In erster Linie interessierten sie sich für die Kriegsbeute. Danach sollte es noch Hunderte von Jahren dauern, bis die Mehrheit der Bevölkerung nicht mehr christlich war, sondern sich (freiwillig!) zum Islam bekannte. Massen- und Zwangsbekehrungen gab es so gut wie nie.

Die von den Muslimen eroberten Teile des Byzantinischen Reichs waren geprägt von religiösen Konflikten, und es gab viele andersgläubige Minderheiten. Zahlreiche unterdrückte christliche (und jüdische) Gruppierungen erlebten die Eroberung durch die neuen arabischen Herrscher vermutlich als Befreiung. Im Gegensatz zu den alten christlichen Herrschern ließen die sie endlich in Frieden. Im späteren Mittelalter breitete sich der Islam dann noch weiter aus: Türkische Stämme (die Osmanen, die schließlich auch Konstantinopel einnahmen) eroberten Anatolien und Südosteuropa und spielten zudem eine wichtige Rolle bei der Verbreitung des Islam in Teilen Zentralasiens und Chinas.

Die Verbreitung des Islam nach Westafrika, Indien, Südostasien und Indonesien geschah hauptsächlich durch muslimische Händler und islamische Missionare (Sufis). Anders als bei der Christianisierung Europas kam es während der Verbreitung des Islam fast nie zu Zwangskonvertierungen.

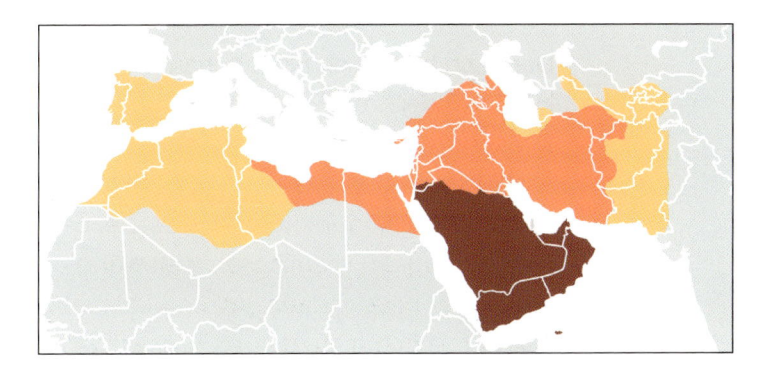

Ausbreitung des Islam im 7.–8. Jh.

Fragen zur Geschichte

Motivierte Krieger Wie konnte es im 7. Jahrhundert einer Legion von Beduinen aus der Wüste gelingen, in weniger als 100 Jahren die halbe Welt zu erobern? Das ist eine Frage, über die sich schon viele Geschichtswissenschaftler den Kopf zerbrochen haben. Es gibt nur sehr wenige Zeugnisse aus dieser Zeit. Der Mittelmeerraum wurde in diesen Jahren gerade von der Beulenpest heimgesucht, und diese hoch ansteckende, tödliche Krankheit hat die damaligen Großmächte sicherlich geschwächt, auch hatten die andauernden Kriege sie aufgerieben. Außerdem darf nicht vergessen werden, dass es sich bei dem arabischen Heer um sehr motivierte und erfahrene Krieger handelte, die aus allen Bevölkerungsschichten stammten. Ganz im Gegensatz zu den persischen und byzantinischen Berufsheeren, die aus Söldnern bestanden. Vielleicht um zu verhindern, dass die islamische Glaubensgemeinschaft an internen Streitigkeiten zerbrach, förderten die ersten Nachfolger Mohammeds die Eroberung der feindlichen Mächte. Sobald eine feindliche Armee geschlagen war, wurden lediglich die obersten Machthaber der Stadt oder des Landstrichs durch Araber ersetzt. Ansonsten ging das Leben in dem betroffenen Gebiet weiter wie vorher. Natürlich mussten aber die übrigen dort ansässigen Herrscher einen Treueeid schwören und eine Abgabe für den militärischen Schutz bezahlen.

Griechisches Feuer Die Hauptstadt des Byzantinischen Reiches war Konstantinopel, das heutige Istanbul. Das Byzantinische Reich erstreckte sich über große Teile des Mittleren Ostens und Nordafrikas und lässt sich als Fortführung des Römischen Reiches sehen, das im 5. Jahrhundert untergegangen war. Daher wurde es auch als Oströmisches Reich bezeichnet, und die Einwohner wurden Römer genannt (die Araber nannten sie Rûm). Ein riesiger Teil des Byzantinischen Reiches wurde im 7. Jahrhundert durch arabische Streitkräfte erobert. Nur Konstantinopel, die Hauptstadt, nicht. Und das, obwohl es 2-mal von arabischen Truppen belagert wurde: einmal in den Jahren 674–678 und einmal in den Jahren 717–718. Die byzantinische Flotte konnte die Angreifer letzten Endes immer abwehren, u.a. durch den Gebrauch einer neuen Waffe, dem so genannten „griechischen Feuer" (auch „Seefeuer" oder „flüssiges Feuer" genannt"). Dabei handelte es sich um eine Napalm-ähnliche Brandwaffe, die ein Feuer erzeugte, das auch dann weiterbrannte, wenn es mit Wasser in Berührung kam. Woraus dieses griechische Feuer genau bestand, konnte nie herausgefunden werden. Erst im Jahr 1453 wurde Konstantinopel schließlich von den Türken erobert.

Perser Die zweite Weltmacht neben dem Byzantinischen Reich war das Persische Reich. Im Persischen Reich, das große Teile des Iran, des Irak und ein paar Länder rundherum umfasste, regierte die Dynastie der Sasaniden. Das vom

Mehmed II. eroberte am 29.5.1453 Konstantinopel und begründete damit den Ruf der Osmanen als überlegene Streitmacht.

Krieg geschwächte Weltreich wurde in wenig mehr als zehn Jahren (633–644) komplett von arabischen Streitkräften überrannt, geschlagen und erobert. Persien, der heutige Iran, wurde jedoch nie arabisiert. Die Perser blieben Perser, und auch heute spricht man im Iran noch immer hauptsächlich Farsi und nicht Arabisch. Allerdings wurde das Land islamisiert, auch wenn der Islam im Iran einen ganz eigenen Charakter entwickelt und bis heute beibehalten hat. Im 17. Jahrhundert wurde unter einer neuen Herrscherdynastie die Schia zur Staatsreligion.

Arabische Dynastien

In den ersten Jahren nach dem Tod Mohammeds 632 wurde die islamische Welt von vier Kalifen (als Nachfolger Mohammeds) regiert. Im Jahr 661 kam Mu'awiya an die Macht, dem es als Erstem gelang, die Macht an seinen

Fragen zur Geschichte

linkes Bild:
Osman I., Begründer der osmanischen (türkischen) Dynastie im 14. Jh.

rechtes Bild:
Mit dem Sieg in der Schlacht von Panipat begründete Zahir ud-Din Muhammad, genannt Babur, 1522 das Mogulreich in Indien.

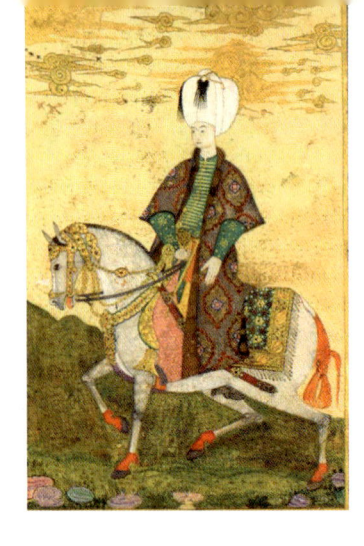

Sohn weiterzugeben. So entstand die erste arabisch-islamische Dynastie, nämlich die der Umayyadischen Kalifen. Das Reich der Umayyaden wurde von Damaskus (der Hauptstadt des heutigen Syrien) aus regiert. Im Jahr 750 übernahmen dann nach einer Revolte die Nachkommen von al-Abbas (einem Onkel Mohammeds) die Macht. Das Kalifat dieser Abbasiden war ebenfalls eine Dynastie, die ungefähr 500 Jahre regierte. Zentrum des Abbasidischen Kalifats war Bagdad (die heutige Hauptstadt des Irak). Nach dem Fall der Abbasiden haben die Araber in der Welt des Islam nie wieder die alles beherrschende Rolle gespielt, und es entstanden drei große neue islamische Reiche: das Osmanische (Türkische) Reich, das Safawidische Reich im Iran und das Mogulreich in Indien. Daneben gab es immer noch weitere Reiche mit eigenen Dynastien, z.B. in Nordafrika und Spanien.

Avicenna

Aus historischer Sicht war die Herrschaft der Abbasiden (750–1258) ein goldenes Zeitalter in der Geschichte des Islam. Wirtschaft, Künste und Wissenschaften erblühten, auch wenn nach der Hälfte der Zeit bereits der politische Untergang der abbasidischen Dynastie einsetzte. Einer der größten universalen Gelehrten, die diese Epoche hervorbrachte, ist Ibn Sina, im Westen besser bekannt unter seinem lateinischen Namen Avicenna. Dieser persische Arzt, Geologe, Paläontologe, Physiker, Psychologe, Mathematiker, Philosoph und Alchemist lebte von 980 bis 1037 und verfasste schätzungsweise 100 bis 250 Abhandlungen, die meisten davon auf Persisch oder Arabisch. Sein „Kanon der Medizin" war ein Standardwerk, das auch in Europa noch Jahrhunderte später in Gebrauch war. Avicenna hat den hohen Zuckerspiegel im Urin von Diabetikern entdeckt, identifizierte als Erster die Meningitis (Gehirnhautentzündung) und entwickelte Mittel, um Patienten bei Operationen zu betäuben. Seine Abhandlungen über Mineralien wurden in Europa noch fünf Jahrhunderte später als Grundlage für weitere Forschungen benutzt.

Avicenna war der berühmteste Arzt und Wissenschaftler seiner Zeit.

12 War Europa schon immer ein christlicher Kontinent?

Das Christentum hat die Identität Europas tatsächlich sehr stark mitbestimmt. Das Römische Reich (31 v. Chr.– 476 n. Chr.) hat den Grundstein für das gelegt, was die europäischen Länder stark miteinander verband: eine dominante Kultur und Philosophie (die griechisch-römische), eine gemeinsame Sprache (Latein), ein Straßensystem, das die erblühenden Städte miteinander verband, eine einheitliche Zeitrechnung und eine politische Struktur, die ein wenig Frieden in diese unruhigen Zeiten brachte (die Pax Romana). Nachdem der römische Kaiser Konstantin sich im Jahre 312 zum christlichen Glauben bekehrt hatte, proklamierte er das Christentum zur vorherrschenden Religion im gesamten Römischen Reich – und so blieb es auch nach dem Zusammenbruch und der Aufteilung des Reiches. Nach Konstantins Tod sollte es aber noch mehr als 1000 Jahre dauern, bis alle europäischen Länder als christlich bezeichnet werden konnten. Litauen war das letzte Land, das Ende des 14. Jahrhunderts christianisiert wurde. Die Christianisierung Europas ging zu manchen Zeiten und an vielen Orten mit seelischer und körperlicher Gewalt einher: Massenbekehrungen, Zwangstaufen und die Todesstrafe, die denjenigen drohte, die sich widersetzten. Karl der Große zum Beispiel stellte die Sachsen vor die Wahl: konvertieren oder sterben. Letztendlich aber hat das Christentum trotz zahlreicher interner Kriege und religiöser Konflikte den Kontinent zu einer Einheit verbunden. Wenn man etwas über die Geschichte Europas erfahren will, kommt man also nicht umhin, sich auch mit der Geschichte des Christentums zu beschäftigen.

Arabische Wissenschaftler waren bis in die frühe Neuzeit hinein ihren europäischen Kollegen in Fächern wie Astronomie, Mathematik, Medizin usw. weit überlegen.

Arabisches Astrolabium, hergestellt von Ibrahim ibn Said al-Sahli in Toledo im Jahr 1067.

Trotzdem kann man nicht sagen, dass Europa jahrhundertelang ein rein christlicher Kontinent gewesen sei. Auch der Islam bildet schon seit 14 Jahrhunderten einen festen Bestandteil Europas. Auf der Iberischen Halbinsel (Spanien, Portugal) war – nach dem Einfall arabischer und berberischer (nordwestafrikanischer) Legionen – viele 100 Jahre lang der Islam die dominante Kultur (siehe Frage 15). Auch Sizilien, Malta, Kreta und Teile Süditaliens wurden im Mittelalter von muslimischen Truppen erobert. Ein Großteil der Balkanländer wurde jahrhundertelang von osmanischen (türkischen) Sultanen (Titel des obersten weltlichen Herrschers) und Paschas (Titel hoher Beamter und Militärs) regiert. In ganz Südeuropa kam es immer wieder zu Konflikten zwischen dem Islam und dem Christentum. Darum kann man sagen, dass der christliche Charakter Europas stets hart umkämpft war.

Allerdings sollte erwähnt werden, dass auch ein paar 100 Jahre lang Frieden zwischen Muslimen und Christen geherrscht hat (Krieg war eher die Ausnahme von der Regel) und dass der Islam sehr viel zur Entwicklung der europäischen Kultur beigetragen hat. Als das Römische Reich zu schrumpfen begann, erfuhr die arabische Kultur einen ungeahnten Aufschwung. Bis tief ins Mittelalter war die islamische Kultur stets weiter entwickelt als die christliche. Die arabische Philosophie orientierte sich an griechischen Philosophen, wie Platon und Aristoteles – die in Europa völlig in Vergessenheit geraten waren – und auch im Hinblick auf Mathematik, Medizin und Astronomie waren die Muslime hoch angesehen. Erst während der Renaissance wurden die antiken griechischen Schätze von europäischen Schreibern (wieder-)entdeckt. Und zwar dank arabischer Übersetzungen, die in Europa auftauchten.

Die Schlacht bei Poitiers

Anfang des 8. Jahrhunderts eroberten arabische und berberische Muslimarmeen die Iberische Halbinsel. Sie rückten sogar bis nördlich der Pyrenäen vor, wurden aber im Jahr 732 nahe der französischen Stadt Poitiers von den Truppen Karl Martells (dem Großvater Karls des Großen) geschlagen. Die Schlacht bei Poitiers ist als eine Schlacht in die Geschichte eingegangen, die das christliche Europa vor dem Untergang bewahrt hat. Was wäre passiert, wenn die muslimischen Legionen die Schlacht gewonnen hätten? Dazu kann man nur Vermutungen anstellen.

Grab von Karl Martell in St. Denis (Frankreich).

Karl Martell in der Schlacht von Tours und Poitiers, Gemälde von Carl von Steuben (1837).

Die Wiener Türkenbelagerungen

2-Mal griffen osmanische (türkische) Truppen Wien an und belagerten es – in den Jahren 1529 und 1683. Die damalige Hauptstadt des Habsburgischen Reichs war der Knotenpunkt vieler Handelswege und damit strategisch von großer Bedeutung für den türkischen Sultan. Wie die Schlacht von Poitiers ist auch besonders die zweite Belagerung Wiens (die in der Schlacht am Kahlenberg gipfelte) als Rettung des christlichen Europas in die Geschichte eingegangen. Polnische, deutsche und österreichische Truppen bildeten unter der Führung des polnischen Königs das Herz der Heiligen Allianz. In der Schlacht am Kahlenberg am 12. September 1683 gelang es ihnen, den türkischen Großwesir (Regierungschef) und seine ihnen zahlenmäßig weit überlegene Armee zu schlagen. Die Schlacht beendete das Vordringen der Osmanen nach Europa.

Fragen zur Geschichte 49

In seiner Rede zum 20. Jahrestag der Deutschen Einheit hat Bundespräsident Christian Wulff (*1959) gesagt, dass der Islam genau wie Christentum und Judentum zu Deutschland gehöre. Geschichtlich gesehen, hat der Islam tatsächlich viel Einfluss auf die Entwicklung Europas gehabt.

© Deutscher Bundestag / Lichtblick/Achim Melde

Johann III. Sobieski gilt als der Retter Wiens, da er bei der Schlacht am Kahlenberg mit seinen Truppen den entscheidenden Angriff gegen die Osmanen durchführte. Gemälde von Jerzy Siemiginowski-Eleuter, 1686.

13 Welche Folgen hatten die Kreuzzüge für Christen & Muslime?

Die Kreuzzüge begannen im 11. Jahrhundert. Zehntausende Gläubige folgten dem Aufruf von Papst Urban II. 1095 in der französischen Stadt Clermont, der verkündete, dass die Heilige Stadt Jerusalem aus den Händen der „Gottlosen" (sprich: Muslime) befreit werden müsse. Aus ganz Europa machten sich Menschen – zunächst hauptsächlich einfache Bauern und Handwerker, begleitet von wenigen Soldaten und einigen Geistlichen – zu Fuß auf eine lange und sehr gefährliche Reise von bis zu 4500 Kilometern. Erst als Berufsheere sich auf den Weg machten und ausgebildete Kämpfer die Kämpfe führten, begannen sich erste Erfolge einzustellen. Im Jahr 1099 wurde Jerusalem dann von den Truppen der christlichen Kreuzfahrer eingenommen. Alle Muslime und Juden in der Stadt wurden ermordet – so besagt es zumindest die Überlieferung. In Syrien und Palästina gründeten die Kreuzfahrer einige christliche Städte und Kreuzfahrerstaaten. Es folgten zwei Jahrhunderte voller Schlachten zwischen Kreuzfahrern und Muslimheeren. Im Jahr 1187 wurde Jerusalem endgültig von einem muslimischen Heer unter der Führung Saladins zurückerobert. Spätere Kreuzzüge – die bis Ende des 13. Jahrhunderts anhielten – erwiesen sich immer wieder als Fehlschläge, es konnten keine Eroberungen mehr gemacht werden, und die bestehenden Kreuzfahrerstaaten gingen nach und nach wieder verloren.

Die Kreuzzüge hatten sicherlich negative Auswirkungen, vor allem auf das Verhältnis zwischen Muslimen und Christen in den Ländern des Mittelmeerraums, doch ihre historische Bedeutung darf auch nicht übertrieben dargestellt werden. Ganz bestimmt bilden sie nicht „die Wurzel des Konflikts zwischen dem Christentum und dem Islam". Das 12. und 13. Jahrhundert war für die Menschen im Mittleren Osten eine Zeit mit vielen Kriegen und Konflikten. Für die Muslime stellten die Kreuzzüge einen von mehreren Einfällen von „Barbaren" dar, die sie jedoch nicht als Bedrohung für die damalige islamische Welt sahen. Zu Lebzeiten Saladins war der größte Konflikt nicht der zwischen Christen und Muslimen, sondern der zwischen sunnitischen und schiitischen Muslimen. Saladin gelang es, Ägypten von den Schiiten zu erobern und damit die sunnitische Einheit des Dar-ul-Islam (der islamischen Welt) wiederherzustellen. Im sunnitischen Teil der Muslimwelt wird Saladin daher noch immer als Held angesehen.

Die Eroberung Jerusalems, Buchillustration aus dem 15. Jh.

Die Könige von Frankreich und England nehmen das Kreuz und verpflichten sich damit, an einem Kreuzzug teilzunehmen. Mittelalterliche Buchillustration.

Pilgerreisen nach Jerusalem

Die Kreuzzüge können am besten als eine Art Ausuferung friedlicher Pilgerreisen nach Jerusalem betrachtet werden. U.a. dadurch, dass das politische Regime der Seldschuk-Türken auseinanderbrach, wurde es im 10. und 11. Jahrhundert für die Christen immer gefährlicher, eine solche Fahrt ins Heilige Land zu unternehmen. Nachdem immer wieder Pilgergruppen überfallen und ermordet worden waren, entwickelten sich die Reisen mehr und mehr zu bewaffneten Expeditionen. Ein Grund für die Kreuzzüge war deshalb, die Pilgerwege wieder für alle Christen offen und risikofrei zu halten. Zudem erbat der Kaiser des Oströmischen Reiches Truppen zur Abwehr der Seldschuken-Heere. Weitere Gründe waren aber auch, die Stellung der Kirche zu sichern, indem sie den zerstrittenen Königreichen Europas ein gemeinsames Ziel und damit Orientierung anbot. Für viele Ritter bedeutete der Kreuzzug vor allem die Möglichkeit, eine konkrete Aufgabe zu haben und ein Vermögen gewinnen zu können. Dass sich zunächst

Fragen zur Geschichte 53

einfache Menschen ohne Kriegserfahrung auf den Weg ins Heilige Land machten, war von Seiten des Papstes weder gewollt noch geplant. Ohne kämpferische Unterstützung durch erfahrene Truppen erreichte dieser „Volkskreuzzug" das Heilige Land erst gar nicht. Ein besonderer Anreiz, sich auf die Reise nach Jerusalem zu begeben, war außerdem, dass der Papst jedem Kreuzfahrer die Vergebung seiner Sünden versprochen hatte.

Der Aufruf des Papstes

„Aus dem Land Jerusalem und der Stadt Konstantinopel kam schlimme Nachricht und drang schon oft an unser Ohr (…) ein fremdes Volk, ein ganz gottfernes Volk (…) hat die Länder der dortigen Christen besetzt (…) es hat die Kirchen Gottes gründlich zerstört oder für seinen Kult beschlagnahmt. (…) Denen, die sie schändlich misshandeln und töten wollen, schlitzen sie den Bauch auf (…) und treiben sie mit Geißelhieben so lange rundherum, bis die Eingeweide ganz herausgezogen sind und sie am Boden zusammenbrechen (…) Tretet den Weg zum Heiligen Grab an, nehmt das Land dort dem gottlosen Volk, macht es euch untertan (…) Schlagt also diesen Weg ein zur Vergebung eurer Sünden." Mit diesen Worten gab Papst Urban II. 1095 den Startschuss für den ersten Kreuzzug. Leider sind von dem berühmten Aufruf so viele Versionen im Umlauf, dass auch Geschichtswissenschaftler nicht sagen können, wie seine Worte tatsächlich lauteten.

Urban II. predigt den Kreuzzug. Illustration aus einer mittelalterlichen Handschrift.

Saladin

Saladin war ein Heerführer kurdischer Abstammung, der zum Herrscher über Ägypten und Syrien aufstieg. Sein größtes Ziel war daraufhin, die Stadt Jerusalem zurückzuerobern, was ihm am 2.10.1287 auch gelang. Es heißt, dass er die christlichen Einwohner der Stadt verschonte und in Europa außerdem für seinen menschenwürdigen Umgang mit gefangen genommenen Feinden bekannt wurde. Zudem eroberte er weite Teile der Kreuzfahrerstaaten. Legendär wurden die Schlachten zwischen ihm und dem englischen König Richard Löwenherz, was ihm den Ruf von besonderer Ritterlichkeit eingetragen hat: Er ließ Richard z.B. ein neues Pferd bringen, als seines während eines Gefechts getötet wurde, damit er standesgemäß weiterkämpfen konnte. Ein Jahr nachdem ein Waffenstillstand zwischen ihnen geschlossen worden war, starb Saladin, und sein Reich zerfiel. In Deutschland ist Saladin vor allem durch die Darstellung in Gotthold Ephraim Lessings Stück „Nathan der Weise" bekannt, in der Saladin als Vorkämpfer für religiöse Toleranz dargestellt wird.

Saladin als König von Ägypten in einem Buch aus dem 15. Jh.

Kampf von Richard Löwenherz mit Saladin. Buchillustration aus dem 13. Jh.

14 Sind die Kreuzzüge mit heutigen Kriegen vergleichbar?

Der ehemalige amerikanische Präsident George W. Bush bezeichnete nach den Anschlägen des 11. September den Kampf, den er gegen die Verantwortlichen solcher Verbrechen führen wollte, als einen „Kreuzzug". Radikale Muslime im Mittleren Osten erklären Zionisten und Kreuzfahrer (Christen, den „Westen") zu ihren Feinden. Aber

Fragen zur Geschichte   55

sind die heutigen Konflikte im Mittleren Osten wirklich mit den Kreuzzügen von damals zu vergleichen?

Bei näherer Betrachtung fallen einem mehr Unterschiede als Gemeinsamkeiten ins Auge: Die damaligen Kreuzfahrer wurden vor allem von ihrem Glauben angetrieben und verfolgten ein konkretes religiöses Ziel: die Befreiung der Heiligen Stadt Jerusalem. Dieses Ziel änderte sich später in die Bekehrung der Muslime, sei es durch Überredung oder Zwang. Die Kreuzfahrer ließen sich bei ihrem Kampf von Glaubenseifer und religiöser Überzeugung inspirieren. Von den heutigen westlichen Streitmächten im Mittleren Osten (im Irak oder in Afghanistan) kann man das nicht behaupten: Die Kriege werden gegen Unterstützer des Terrorismus geführt und nicht gegen eine andere Religion. Bei dem Konflikt zwischen Israel und den Palästinensern geht es vor allem um territoriale und politische

Ein amerikanischer Soldat händigt einem Mädchen in Afghanistan Medizin aus.

Ansprüche – es ist ein Konflikt zweier Völker, die beide Anspruch auf ein Stück Land erheben. Anderen Konflikten im Mittleren Osten liegen oft ethnische Aspekte zu Grunde (oder auch Streitigkeiten zwischen unterschiedlichen muslimischen Gruppierungen), und sie haben gar nichts oder kaum etwas mit dem Heiligen Krieg der mittelalterlichen Kreuzfahrer gegen die „Ungläubigen" (oder Saladins Dschihad, siehe Frage 25) gegen die „Franken", wie die Muslime die Kreuzfahrer nannten) gemein.

Die heutigen Konflikte entstehen aus ganz unterschiedlichen Beweggründen – da geht es um politische Loyalität, Macht, Öl, Heroin und so weiter – und können wohl kaum einzig und allein auf eine Auseinandersetzung zwischen dem Christentum und dem Islam zurückgeführt werden.

15 Wie lebten Muslime im mittelalterlichen Spanien?

Spanien ist das einzige westeuropäische Land, das auf eine sehr lange islamische Geschichte zurückblicken kann. Im Jahr 711 landeten Berberstreitkräfte aus Nordafrika in Gibraltar und eroberten in ungefähr acht Jahren fast die gesamte Iberische Halbinsel. Die islamische Herrschaft in Spanien dauerte mehr als 900 Jahre an: Noch im Jahr 1614 mussten die letzten „moriscos" (Muslime, die vorher unter Zwang zum Christentum übergetreten waren) das Land verlassen. Das islamische Spanien, das als Al-Andalus bezeichnet wurde, war zunächst ein Emirat (Provinz, die von einem Emir, d.h. Gouverneur verwaltet wird) und danach ein unabhängiges Kalifat (muslimisches Herrschaftsgebiet) – das berühmte Kalifat von Córdoba –, bevor es in mehrere kleine Königreiche aufgeteilt wurde. Im 11. Jahrhundert begann dann von Nordwest-Spanien aus die christliche Rückeroberung, die so genannte „Reconquista". Die Christen rückten nach und nach in Richtung Süden vor, aber ihr Vormarsch wurde von einer neuen Invasion, von den Almoraviden (1056–1147) und den Almohaden (1130–1269) aus Nordafrika unterbrochen. Besiegelt wurde die Reconquista erst mit dem Untergang des letzten muslimischen Reiches – dem der Nasriden – und dem Fall ihrer Hauptstadt Granada im Jahr 1492.

Spanien war im Mittelalter auch das Land mit der größten jüdischen Glaubensgemeinschaft Europas, und es gab lange Zeitspannen, in denen Juden, Muslime und Christen dort in Frieden und Wohlstand zusammenlebten. In Spanien fand im Mittelalter somit sicherlich das einzige wirklich pluralistische (multi-ethnische, wie wir heute sa-

Die Alhambra ist eine Stadtburg in Granada, Spanien. Sie gilt als eines der schönsten Beispiele der maurischen Baukunst in Spanien.

gen würden) Zusammenleben in ganz Europa statt. Trotzdem herrschte nicht neun Jahrhunderte lang bloß eitel Sonnenschein: Die Almoraviden und Almohaden zum Beispiel waren intolerante Herrscher, die Juden und Christen verfolgten. Außerdem wurden nach der Rückeroberung des Landes durch die Christen im Jahr 1492 erst die Juden und danach die Muslime aus Spanien vertrieben. Heute, rund 500 Jahre später, leben in Spanien ungefähr eine Million Muslime, bei denen es sich aber überwiegend um Arbeitsimmigranten aus Nordafrika handelt.

Alhambra: Details der Verzierungen

Das Kalifat von Córdoba

Córdoba war in der zweiten Hälfte des 8. und im gesamten 9. Jahrhundert die Hauptstadt von Al-Andalus. An der Spitze stand ein Kalif aus dem Geschlecht der Umayyaden (denen in Bagdad später die Abbasiden die Macht entrissen). Córdoba war zu dieser Zeit die größte und modernste Stadt ganz Europas und konnte als kulturelles Zentrum mit Bagdad mithalten: In der Stadt gab es Zehntausende von Geschäften, Dutzende Moscheen, viele Badehäuser mit fließendem Wasser sowie beleuchtete und gepflasterte Straßen. Die Bibliothek des Kalifen – lediglich eine von 70 Bibliotheken in Córdoba – verfügte über 400 000 handgeschriebene Bücher! Zur Zeit des Kalifats von Córdoba erblühten viele christliche, jüdische und islamische Künste und Wissenschaften. Die große Moschee von Córdoba – die Mezquita – war eins der beeindruckendsten Bauwerke dieser Zeit und kann noch heute besichtigt werden. Kalligrafen und Zeichner fertigten prachtvolle Thorarollen, Bibeln und Koranabschriften; jüdische Übersetzer übertrugen Unmengen von Schriften aus dem Arabischen ins Lateinische und umgekehrt. Auf diese Weise fanden lange vergessene Klassiker der griechischen Philosophie und Wissenschaften, aber auch viele neue Erkenntnisse aus der muslimischen Welt ihren Weg in das christliche Europa.

Averroës (1126–1198)

Mit dem Bau der Mezquita (Moschee) de Córdoba wurde 785 begonnen, sie wurde mehrfach erweitert und hat letztendlich eine Ausdehnung von 23 000 m². Über 800 Marmorsäulen tragen jeweils zwei übereinanderliegende Bögen. 1236, nach der Reconquista, wurde die Moschee zur christlichen Kathedrale geweiht.

Averroës und Maimonides

In den letzten Tagen des almoravidischen Regimes wurden in Córdoba zwei große Philosophen geboren: der muslimische Gelehrte Ibn Ruschd, besser bekannt als Averroës, und der jüdische Philosoph Moses ben Maimon, bekannt als Maimonides. Averroës war der Sohn und Enkelsohn córdobanischer Richter. Er sollte sich einen Namen als Kenner, Kommentator und neuer Verbreiter des Werkes von Aristoteles machen. Maimonides – der zweite „große Moses" – verfasste Bücher über jüdische Philosophie und Rechtgebung, die noch heute gelesen und studiert werden. Während der Verfolgung nicht-muslimischer Einwohner musste er mit seiner Familie aus Córdoba fliehen. In Ägypten wurde Maimonides Leibarzt eines Wesirs und geschätztem Berater und Minister von Saladin, dem damaligen Sultan.

Moses Maimonides (1135–1204)

Fragen 16 bis 22

Fragen zu Muslimen, Juden und Christen

16. Haben die drei Religionen denselben Gott?
17. Was haben Juden, Christen und Muslime gemeinsam?
18. Was sagt der Koran zu Jesus?
19. Was sagt der Koran über Juden und Christen?
20. Wurden in islamischen Ländern Religionen unterdrückt?
21. Werden in islamischen Ländern Religionen unterdrückt?
22. Gibt es derzeit einen islamischen Antisemitismus?

16 Haben die drei Religionen denselben Gott?

Wie das Judentum und das Christentum ist auch der Islam eine monotheistische Religion, also eine Religion, in der es nur einen Gott gibt. In allen drei Religionen glaubt man, dass Gott den Menschen geschaffen hat. Im Christentum gibt es zudem das „Mysterium der Dreifaltigkeit", also die Auffassung, dass Gott Vater, Sohn und Heiliger Geist eine Wesenseinheit bilden. Muslime lehnen diese Überzeugung ab; sie glauben nicht an Jesus Christus als Sohn Gottes und Erlöser der Menschheit. Sure 112 lautet: „Sprich: Er ist der eine Gott, Der ewige Gott; Er zeugt nicht und wird nicht gezeugt, Und keiner ist ihm gleich". Trotzdem teilen Christen, Juden und Muslime eine sehr ähnliche Weltanschauung. So sehen sich beispielsweise sowohl Juden als auch Muslime als Nachkommen Abrahams, und die jüdische Thora ist Teil der christlichen Bibel. Biblische Propheten werden auch im Islam als Propheten angesehen.

Da stellt sich natürlich die Frage, ob Christen, Juden und Muslime nicht im Grunde auch denselben Gott anbeten. Diese Frage stellt ein zentrales Problem im Dialog zwischen diesen drei Religionen dar – eine Frage, mit der sich seit Jahrhunderten Gläubige und Theologen auseinandersetzen und immer wieder zu unterschiedlichen Antworten gelangen. Papst Johannes Paul II. (Papst von 1978 bis 2005) hat sich im Jahr 1999 über die religiösen Werte, die Christen und Muslime gemeinsam haben, folgendermaßen geäußert: „Ich möchte heute wiederholen, was ich vor einigen Jahren zur muslimischen Jugend in Casablanca gesagt habe: ‚Wir glauben an denselben Gott, den einzigen, den lebendigen, den Gott, der die

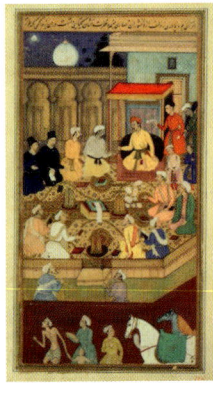

Der indische Herrscher Jalaluddin Muhammad Akbar (1542–1605), der berühmt für sein Interesse an religiösen Themen und seine Toleranz war, leitet eine religiöse Diskussionsrunde. Mit dabei sind zwei Mitglieder des christlichen Jesuitenordens (in schwarz gekleidet). Illustration aus dem frühen 17. Jh.

Welten schafft und seine Geschöpfe zur Vollendung führt'". Doch der Papst betonte in derselben Rede, dass es auch Differenzen gibt: „Diese Übereinstimmung darf jedoch nicht die Unterschiede zwischen den beiden Religionen vergessen machen. Wir wissen in der Tat, dass die Einheit Gottes sich im Geheimnis der drei göttlichen Personen ausdrückt."

Viele Theologen und Religionswissenschaftler weisen vor allem auf die Punkte hin, in denen sich die drei Religionen voneinander unterscheiden, und schließen daraus, dass der jüdische und christliche Gott nicht derselbe ist wie der des Islam. Nichtgläubige und andere Außenstehende können auf Unterschiede und Gemeinsamkeiten in der religiösen Ausführung hinweisen, auf unterschiedliche und gemeinsame Werte und Normen, die diese Religionen auszeichnen. Aber wer Gott ist und als was er bezeichnet wird, ist letztendlich eine Frage, auf die nur die Gläubigen selbst eine Antwort finden können.

Eine andere Religion? Juden und Christen sahen den Islam in den ersten Jahrhunderten nach dem Tod Mohammeds und den großen arabischen Eroberungsfeldzügen mehr wie eine Art christliche Sekte. Außer den Überlieferungen über das Leben des Propheten Mohammed ist über die Anfangszeit des Islam nur sehr wenig bekannt. In seinem Buch „Muhammed and the Believers" argumentiert Fred Donner, ein Geschichtswissenschaftler und Experte für den Mittleren Osten von der Universität Chicago, dass Mohammed in Medina und Mekka gar nicht so sehr die Gründung einer anderen, neuen Religion vorschwebte, die sich vom Christentum und Judentum unterschied. Er war eher die zentrale Persönlichkeit in einer Art Glaubensreformation. Mohammed kombinierte strikten Monotheismus mit strengen Gesetzen und Pflichten, an die sich jeder halten musste. So stand seine Glaubensbewegung anfangs auch Christen und Juden offen (solange sie sich an die Regeln hielten), denn schließlich glaubten auch sie an nur einen Gott. Erst 100 Jahre später wurde beschlossen, dass nur diejenigen als wahre Gläubige akzeptiert werden sollten, die das Wort Gottes und Mohammed als seinen Propheten anerkannten. Somit wurde erst 100 Jahre nach Mohammeds Tod festgesetzt, dass sich Muslime von Juden und Christen unterscheiden. Diese Argumentation spiegelt jedoch nur *eine* Sichtweise der Geschichte wieder.

17 Was haben Juden, Christen und Muslime gemeinsam?

Juden, Christen und Muslime haben mehr gemeinsame Wurzeln, als die meisten Leute denken. Man könnte sagen, dass Islam, Judentum und Christentum in dreierlei Hinsicht stark miteinander verknüpft sind. Sie stammen alle von denselben Vorfahren ab, sie beten alle nur einen Gott an (einigen Gläubigen zufolge sogar denselben Gott – siehe Frage 16), und darüber hinaus bestehen zahlreiche Querverbindungen zwischen den Heiligen Schriften dieser Religionen. Dem Vorbild der Juden – und in gewisser Weise auch der Christen – folgend, sehen auch Muslime sich als Nachfahren Abrahams. Die Juden führen ihre Geschichte bis zu diesem Stammvater zurück – über seinen Sohn Isaak und dessen Sohn Jakob (auch Israel genannt). Jakob wiederum hatte zwölf Söhne, die die Stammväter der zwölf jüdischen Stämme wurden. Abraham – der auch Ibrahim genannt wird – tritt aber auch im Koran auf. Er wird in mindestens 25 verschiedenen Suren erwähnt. Im Koran ist Ibrahim ein Prophet, der Imam der Völker, der erste Muslim und ein „Führer auf dem rechten Pfad". Einer seiner Söhne, nämlich Isma'il (der andere Sohn war Isaak), gilt als der Stammvater der Araber. Die Christen betrachten sich selbst als spirituelle Nachkommen Abrahams und Erben des Bundes zwischen Gott und Abraham, von dem im ersten Buch der Bibel, der Genesis, erzählt wird. Wegen dieser gemeinsamen Vorfahren werden Christentum, Islam und Judentum auch oft als „abrahamitische Religionen" bezeichnet.

Kritiker dieser Sichtweise sind allerdings der Meinung, dass die Unterschiede zwischen den Religionen durch diesen Begriff zu sehr in den Hintergrund treten. Ganz abgesehen davon, dass sich Muslime, Juden und Christen untereinander über ihre Verwandtschaft nicht besonders – oder eigentlich gar nicht – einig sind. Das Christentum sieht sich als Fortführung und mögliche Erfüllung des Judentums – etwas, was gläubige Juden natürlich vehement abstreiten. Der Islam hingegen betrachtet sich als Fortführung und Erfüllung des Christentums und geht sogar noch einen Schritt weiter: Muslime sehen im Glauben in erster Linie eine natürliche Verbindung zu Gott, etwas, das jedem Menschen zu eigen ist durch die so genannte Fitra (= natürliche Veranlagung des Menschen).

Zwischen dem Koran auf der einen und der Bibel auf der anderen Seite bestehen aber noch weitere Parallelen. Ungefähr ein Viertel des Korans sind Geschichten über Propheten, die man aus der Bibel kennt (auch wenn sie in der Bibel nicht alle als Propheten gelten). Die am häufigsten genannten biblischen Personen im Koran sind Adam, Noah, Abraham und Moses, aber auch Jakob, David und Salomon werden oft erwähnt. Die längste Geschichte ist die über Josef, einen der Söhne Jakobs.

Der Koran in einer istanbuler Moschee.

Abweichungen Hin und wieder gibt es Abweichungen zwischen den Geschichten über bestimmte Personen (Propheten) in der Bibel und im Koran. Nichtmuslime sind der Meinung, dass das an Mohammeds unzureichender Kenntnis der Bibel lag. Im Islam erklärt man sich diese Unterschiede zwischen dem Koran und der Bibel jedoch anders. Gläubige Muslime sehen die jüdische wie auch die christliche Bibel als von Menschen geschaffen an. Der Koran dagegen ist in ihren Augen das Wort Gottes selbst. Wenn die Koranversion von der biblischen Geschichte abweicht, dann liegt das ihrer Meinung nach daran, dass die Juden und Christen den Text – ob nun absichtlich oder nicht – verändert haben.

Mohammed in der Bibel

Im Koran gibt es Geschichten über biblische Personen. Umgekehrt sind die Muslime der Meinung, dass es auch in der Bibel Anspielungen auf Mohammed gibt. Sie meinen, dass seine Ankunft als letzter und definitiver Prophet an verschiedenen Stellen in der Bibel angekündigt wird. In dieser Hinsicht verhalten sich die Muslime genauso wie Christen, die im Tanach (der hebräischen Bibel, die das Alte Testament umfasst) Vorausdeutungen auf die Ankunft Jesu zu sehen glauben. Juden haben diese christlichen Prophezeiungen nie akzeptiert, genau wie es wenige nicht islamische Bibelkenner gibt, die die Theorie über Anspielungen auf Mohammed in der Bibel überzeugend finden. Muslime lesen die Bibel aber natürlich vor dem Hintergrund ihres eigenen Glaubens, der auf den Offenbarungen des Korans gründet. Eine der Ursachen für die Spannungen zwischen den drei abrahamitischen Religionen ist deshalb, dass sich alle drei zum Teil auf die Heiligen Schriften der jeweils anderen berufen, diese jedoch unterschiedlich deuten.

Indischer Muslim bei der Koranlektüre.

18 Was sagt der Koran zu Jesus?

Im Koran ist Jesus – arabisch 'Isa – ein wichtiger Prophet, aber nicht der Sohn Gottes. Er wird insgesamt 44-mal erwähnt, meist als Weiser mit sufischen Zügen. Christen würden ihn kaum wiedererkennen: Das Leben und Wirken Jesu wird im Koran anhand einzelner Beispiele beschrieben. In Sure 33 wird erwähnt, dass Gott mit ihm denselben Bund einging wie mit allen anderen Propheten. Jesus ist jedoch der einzige Prophet im Koran, der Wunder vollbringt: Er heilt Blinde und Aussätzige und haucht Vögeln, die er aus Lehm geformt hat, Leben ein. Als wieder jemand ein Zeichen Gottes von ihm verlangt, schickt Gott einen gedeckten Tisch vom Himmel (Sure 5, Verse 112 – 115), eine Geschichte, in der einige muslimische Theologen eine Anspielung auf das Abendmahl oder die Geschichte von der wundersamen Speisung der 5000 sehen. Im Koran untermauert Jesus die Wahrheit der (jüdischen) Thora, gestattet allerdings einige Dinge, die Juden eigentlich verboten sind. Wie Mohammed verkündet er eine wichtige Botschaft: „Glaube an den einen wahren Gott, und bete keine anderen Götter an." In Sure 61 sagt er außerdem die Ankunft Mohammeds voraus: „[…] siehe, ich bin Allahs Gesandter an euch, bestätigend die Thora, die vor mir war, und einen Gesandten verkündigend, der nach mir kommen soll, des Name Ahmad [also Mohammed] ist." Unter allen biblischen Geschichten, die im Koran erwähnt werden, weicht vor allem die Geschichte vom Tod Jesu stark von der biblischen Version ab. In Sure 3 wird gesagt, dass sich die Ungläubigen gegen ihn verbündeten, in Sure 4 aber heißt es, dass er nicht am Kreuz starb: „Doch ermordeten sie [die Juden] ihn nicht und kreuzigten ihn nicht, sondern einen ihm ähnlichen …" Trotz seiner wundersamen Geburt ist Jesus im Koran ein Mensch aus Fleisch und Blut, genau wie die anderen Propheten. Im Koran bestreitet Jesus, dass er jemals einen Menschen ersucht hat, ihn (oder seine Mutter Maria) anzubeten. Laut dem Koran war Jesus lediglich ein Botschafter Gottes.

Mohammed leitet Abraham, Moses und Jesus im Gebet an. Illustration aus einer mittelalterlichen persischen Handschrift.

Maria, Mutter Jesu

Jesus heißt im Koran Isa Ibn Maryam, was übersetzt „Jesus, Sohn von Maria" bedeutet. Die Geschichte über die Geburt Jesu im Koran hat nicht sehr viel mit der in den Evangelien des Neuen Testaments gemeinsam. Die so genannte Verkündigung an Maria (durch einen Engel) – dass sie schwanger werden würde, ohne dass ein Mann sie je berührt habe – kommt im Koran an zwei Stellen vor. In Sure 19 wird erwähnt, dass Maria sich an einen abgelegenen Ort zurückzieht. Als die ersten Wehen einsetzen, legt sie sich unter eine Palme und schreit vor Verzweiflung. Gott tröstet sie und bringt ihr auf wundersame Weise Wasser zum Trinken und Datteln zum Essen. Er erteilt Maria den Auftrag, mit niemandem zu sprechen. Als ihre Familie sie der Unkeuschheit beschuldigt – schließlich ist sie nicht verheiratet – schweigt sie. Weil sie sich so dem Willen Gottes unterwarf, ist Maria auch bei den Muslimen eine besonders verehrungswürdige Person. Das Kind Jesus verteidigt sie von seiner Wiege aus. Sure 19, die auch die „Sure Maria" genannt wird, ist die einzige Sure im Koran, die einer Frau gewidmet ist.

Mohammed und Jesus

Beide Propheten können als Gründer einer Weltreligion betrachtet werden, beide werden von ihren Anhängern zutiefst verehrt. Etwas zeitgemäßer ausgedrückt: Beide sind schon seit Jahrhunderten für Millionen von Menschen ein Vorbild. Doch wenn man das Leben der beiden – oder das, was nach so langer Zeit noch darüber bekannt ist – näher betrachtet, fallen einem große Unterschiede auf: Jesus war ein umherziehender Lehrer und Prediger, der seine Mitmenschen davon zu überzeugen versuchte, dass eine neue Zeit, das „Reich Gottes", angebrochen sei. Laut der Bibel war er unverheiratet und hatte stets eine Gruppe treuer Jünger um sich versammelt. Am Ende seines kurzen Wirkens, das wahrscheinlich nicht länger als drei Jahre dauerte, wurde er als Verbrecher öffentlich hingerichtet. Viele seiner Anhänger hatten ihn im Stich gelassen. Sein scheinbares Scheitern wurde jedoch durch die Auferstehung „wiedergutgemacht", die seinen Anhängern neue Hoffnung gab. Mohammeds religiöse und politische Laufbahn dagegen dauerte mit 22 Jahren sehr viel länger. Er war mit vielen Frauen verheiratet und stand am Ende seines Lebens an der Spitze einer großen Religionsgemeinschaft. Neben seinem Wirken als Prophet war er auch Heerführer und Politiker. Während seines Lebens hatte er also nicht nur religiöse, sondern auch politische Macht – etwas, was Jesus nie hatte.

19 Was sagt der Koran über Juden und Christen?

Christen und Juden werden an mehreren Stellen im Koran erwähnt. Teile der christlichen Glaubenslehre werden im Islam für ungültig erklärt: Der Koran lehrt, dass Jesus Christus nicht der Sohn Gottes war. Im Koran kommen zwei Sorten von Christen vor: die echten, wahren Anhänger Jesu, „rechtschaffene Menschen", die gepriesen und zu den Gläubigen gezählt werden, und der Rest der Christenheit, die mit der Schrift und der Botschaft Jesu „herumpfuschen" und sie absichtlich falsch interpretieren. Diese zwiespältige Haltung gegenüber Christen kommt am deutlichsten in Sure 5 zum Ausdruck. Einerseits steht in Vers 51: „O ihr, die ihr glaubt, nehmt euch nicht die Juden und Christen zu Freunden; sie sind untereinander Freunde, und wer von euch sie zu Freunden nimmt, siehe, der ist von ihnen. Siehe, Allah leitet nicht ungerechte Leute." Ein Stück weiter, in Vers 83, heißt es dann: „Und wenn sie [die Christen] hören, was hinabgesandt ward zum Gesandten, siehst du ihre Augen von Tränen überfließen in Folge der Wahrheit, die sie darin erkennen, indem sie sprechen: ‚Unser Herr, wir glauben; so schreib uns ein unter jene, die es bezeugen.'" Neben diesen Informationen aus dem Koran ist nur sehr wenig über die christlichen Gemeinden von Mekka und Medina bekannt. Nach alter Tradition herrschte auf der Arabischen Halbinsel der Polytheismus (Vielgötterei) vor, aber auch das Christentum hatte Anhänger, selbst unter den Nomadenstämmen. Ob es in Mekka und Medina Klöster, Mönche oder Kirchen gegeben hat, ist nicht überliefert.

Juden werden ebenfalls als Empfänger früherer göttlicher Offenbarungen beschrieben. Eine Grund für Konflikte zwischen Juden und Muslimen war, dass es in Medina zu einem Streit über den „religiösen Markt" zwischen den Anhängern Mohammeds und den dort lebenden Juden gekommen ist. Die Juden schlossen sich mit den Arabern aus Medina zu einem Bund zusammen, die sich dann – aus welchen Gründen auch immer – gegen den neuen Herrscher aus Mekka zur Wehr setzten. Im Koran kann man lesen, wie dem Streit zwischen Mohammed und den Juden schließlich mit militärischer Gewalt ein Ende gesetzt wurde. Zwei jüdische Stämme wurden in den Jahren 624 und 625 vom Heer des Propheten aus Medina vertrieben, während die Männer der dritten jüdischen Gemeinschaft einige Jahre später ermordet und ihre Frauen und Kinder verkauft wurden. Juden, Christen und Sabäer werden als so genannte Ahl-ul-kitab (Völker des Buches) im Koran erwähnt, mit denen in der besten Weise zu diskutieren ist.

Das Interreligiöse Haus der Stille auf dem Gelände der Frankfurter Johann-Wolfgang-Goethe-Universität wurde im Herbst 2010 eröffnet. Der Andachtsraum wird von christlichen und muslimischen Studenten als Besinnungs- und Gebetsort genutzt.

Juden in Arabien

Viel weiß man heute nicht über die jüdischen Gemeinden auf der Arabischen Halbinsel zur Zeit Mohammeds. Sicherlich lebten aber einige Juden im Jemen, wo eine jüdische Königsfamilie regierte, die wahrscheinlich aus dem Land selbst stammte. Durch ihre Machtposition gerieten sie in Konflikt mit der christlichen Bevölkerung. Das Christentum hatte sich durch Missionen von Abessinien (dem heutigen Äthiopien) aus herangetastet, konnte die Arabische Halbinsel aber nie wie geplant konvertieren. Ebenso wahrscheinlich ist es, dass es im Süden der Arabischen Halbinsel zu Mohammeds Lebzeiten, sowie davor und danach, oft zu Streitereien zwischen Juden und Christen kam. Über die jüdischen Stämme in den Oasen im Norden und Westen Arabiens ist noch weniger bekannt. Niemand weiß genau, wann und wie sie dorthin gekommen sind, ob zum Beispiel durch Emigration aus dem Norden oder als Händler. Höchstwahrscheinlich waren sie arabisiert, ob sie aber von den anderen Arabern als Außenseiter angesehen wurden, ist nicht bekannt. Angesichts der zahlreichen Anspielungen auf die Thora und das Judentum ist es sehr wahrscheinlich, dass es vor der Islamisierung in Mekka schon Juden gab.

orandeutung Im Lauf der Jahrhunderte haben Korandeuter reihenweise dicke Bücher über die Verse geschrieben, mit denen im Koran das Christentum beschrieben wird. Schon im Mittelalter legten islamische Theologen das Bild von dieser anderen Glaubensgemeinschaft – dem Christentum – immer wieder anders aus, und in der heutigen Zeit ist es nicht anders, da diese Verse in ihrem historischen Kontext zu sehen und zu interpretieren sind. Damals wie heute sind unter ihnen zwei Strömungen zu verzeichnen: die Polemiker, die die Unterschiede zwischen dem Islam und dem Christentum betonen, und die Dialogsucher, die insbesondere auf die Gemeinsamkeiten und die positiven Beschreibungen im Koran verweisen.

20 Wurden in islamischen Ländern Religionen unterdrückt?

Im Herzen der islamischen Welt lebten schon immer viele Juden und Christen. Sie waren dort als „die Menschen aus dem Buch" (ein Begriff aus dem Koran) bekannt. Trotz anfänglicher gewalttätiger Auseinandersetzungen strebte man mit der jüdischen Gemeinschaft in Medina ein Abkommen an. Dieses war ein Vorbild für die Art, wie die islamische Gemeinschaft seither mit nicht islamischen Völkern umging, die in den Jahren vor und nach 630 in rasend schnellem Tempo unter die Herrschaft des Islam fielen. Juden und Christen wurden nicht gezwungen, zu konvertieren, oft riet man ihnen sogar davon ab. Jahrhundertelang waren die Nichtmuslime den Regeln des Dhimma (einer Art Schutzbündnis) unterworfen. Sie wurden in Ruhe gelassen und bezahlten dafür jährlich eine Extrasteuer, die pro Kopf berechnet wurde. Vielfach wird die Behandlung der Dhimma, also sowohl Juden und Christen als auch Zoroastrier (= Anhänger der Lehre von Zarathustra in Persien, dem heutigen Iran), als unterdrückerisch bezeichnet, was in bestimmten Fällen sicherlich zutraf. Einige Male kam es nämlich auch zu Verfolgungen, dies war jedoch relativ selten.

Es ist kaum möglich, die Geschichte von 14 Jahrhunderten in ein paar Sätzen zusammenzufassen, doch genauso wie in der Geschichte des christlichen Europas gibt es auch in der Geschichte der muslimischen Welt neben friedlichen Perioden Zeiten, die von Intoleranz und unterdrückenden Regierungen geprägt waren. Unter vielen osmanischen Sultanen beispielsweise war das religiöse Klima für Minderheiten relativ erträglich. Die Religion spielte bei den Herrschern nur eine untergeordnete Rolle. In Persien (dem heutigen Iran) dagegen war mit den Safawiden eine einflussreiche schiitische Dynastie an der Macht, die von 1501 bis 1722 einen Großteil des Mittleren Ostens regierte, und es herrschte ein sehr intolerantes Klima

Synagoge in Isfahan. Die jüdische Gemeinde in Persien hat eine jahrhundertealte Tradition, unter dem derzeitigen Regime ist sie jedoch stark bedroht.

gegenüber religiösen Minderheiten. Juden, Christen und Zoroastrier wurden in dieser Zeit vielfach schlechter behandelt als anderswo, was auch daran lag, dass die Institution der Dhimma dort keine große Rolle mehr spielte.

Die Institution des Dhimma ist im modernen Mittleren Osten nicht mehr präsent. Im Osmanischen Reich wurde sie im Jahr 1856 abgeschafft und auch sonst gibt es sie so gut wie nirgends mehr.

Unter den Osmanen wurde Jerusalem zum Verwaltungssitz, Sultan Süleyman I. (1496–1566) erneuerte die Stadtbefestigung. Während der Herrschaft der Osmanen gab es Zeiten religiöser Freiheit gegenüber den dort lebenden Juden und Christen, aber auch Perioden der Unterdrückung.

Dhimma Die Institution des Dhimma stammt der Überlieferung zufolge aus der Zeit des zweiten Kalifen, Umar (634–644), wurde aber erst ein Jahrhundert später schriftlich zu Papier (bzw. Pergament) gebracht. Laut diesem Statut mussten Christen und Juden in erster Linie dem Islam Respekt zollen. Ihnen war es auch streng verboten, Muslime zu bekehren – darauf stand mancherorts sogar die Todesstrafe. Die Institution des Dhimma gab es in der gesamten muslimischen Welt, in manchen Ländern wurde sie aber strenger gehandhabt als in anderen. Heute existiert diese Institution nicht mehr.

Zoroastrier Zoroastrier (oder Zarathustrier) sind die Anhänger der Lehre Zoroasters, auch Zarathustra genannt. Diese Lehre ist über 3200 Jahre alt und bildet damit die älteste monotheistische Religion der Welt. Im Iran und in Teilen des Irak war die Lehre von Zarathustra früher weit verbreitet. Die Lehre basiert sehr stark auf dem Gegensatz zwischen Gut und Böse: Ein Gott des

Guten ist in einen Konflikt mit dem Gott des Bösen verwickelt. Im heutigen Iran und in Indien leben noch einige Zehntausende Anhänger dieser Religion.

In seinem Fresco „Die Schule von Athen" hat Raffael (1483–1520) Zarathustra abgebildet (links).

21 Werden in islamischen Ländern Religionen unterdrückt?

In einem Großteil der muslimischen Länder gibt es heutzutage ein Grundrecht, das allen Bürgern Religionsfreiheit und gleiche politische Rechte garantiert. Das ändert jedoch nichts an der Tatsache, dass insbesondere in den muslimischen Ländern des Mittleren Ostens die Lage religiöser Minderheiten äußerst prekär ist: Lebten vor dem Zweiten Weltkrieg über ganz Nordafrika und die Länder des Mittleren Ostens verteilt rund eine Million Juden, so sind es heute nur noch höchstens einige Zehntausend – die Bewohner Israels natürlich ausgenommen. Statistiken des Weltkirchenrats besagen, dass die Zahl der Christen im Mittleren Osten im ersten Jahrzehnt des 21. Jahrhunderts von 12 Millionen auf weniger als zwei Millionen gesunken ist. Diese Entwicklung in präzise Zahlen zu fassen, ist nicht einfach (in einigen Ländern werden solche Daten auch gar nicht dokumentiert), doch der allgemeine Trend zeigt sich trotzdem sehr deutlich. Im Libanon war die Mehrheit der Bevölkerung – als einzigem Land des Mittleren Ostens – noch christlich (2000: 50 Prozent), heute aber sind zwei Drittel Muslime. Der Anteil koptischer Christen in Ägypten ist innerhalb weniger Jahre von zehn auf sechs Prozent der Bevölkerung geschrumpft. Am schwierigsten ist die Situation für Christen im Irak. Dort lebten vor der Invasion der Amerikaner und Briten (im Jahr 2003) ungefähr 1,2 Millionen Christen; sieben Jahre später sind es nach Angaben der römisch-katholischen Hilfsorganisation Caritas noch knapp 25 000. Auch aus der Türkei und den Palästinensergebieten ist das Christentum beinahe komplett verschwunden. Dieser zahlenmäßige Rückgang ist allerdings weniger mit direkter Verfolgung der christlichen Minderheiten zu begründen, sondern ist vielmehr eine Folge der Emigration: Viele arabische (und türkische) Christen sind während der letzten Jahrzehnte in westliche Länder, insbesondere in die Vereinigten Staaten, ausgewandert. Nur im Irak kann man nach dem Sturz Saddam Husseins von Christenverfolgung sprechen: Zahlreiche Kirchen wurden in Brand gesteckt und einzelne Christen auf Grund ihrer Glaubenszugehörigkeit ermordet. Die meisten Juden im Mittelmeerraum sind nach der Gründung des Staates Israel (1948) in dieses Land umgesiedelt, doch auch in Israel ist die Zahl der Muslime und Christen während der vergangenen Jahre stark zurückgegangen. Der griechisch-orthodoxe Erzbischof von Jerusalem hat mehr als nur einmal die christlichen Einwohner der Stadt aufgerufen, das Land nicht zu verlassen. In Bethlehem, wo die Bevölkerung früher (1948) zu 85 Prozent aus Christen bestand, beläuft

Christlich-armenische Kirche im Nordirak.

sich ihr Anteil im Jahr 2010 nun auf weniger als 20 Prozent. Neben all den Konflikten und Kriegen im Mittleren Osten ist diese Entwicklung auf längere Sicht das wirklich Beunruhigende. Gesellschaften und Kulturen, die jahrhundertelang pluriform (also von Vielfältigkeit geprägt) waren, sind heute fast ausschließlich islamisch (bzw. jüdisch in Israel). Von dem multireligiösen Mosaik, das der Mittlere Osten einst war, ist nur noch wenig übrig geblieben.

Armenisch-Apostolische Vank-Kathedrale in Isfahan, Iran.

Kopten

Die Kopten in Ägypten bilden die größte und älteste christliche Gruppierung im Mittleren Osten. Ihre Geschichte lässt sich bis zu den ersten Tagen des Christentums zurückverfolgen. Nach der Überlieferung war der Evangelist Markus selbst der Gründer dieser christlichen Gemeinschaft in Ägypten. Von Alexandria aus verbreitete sich das Christentum über die ländlichen Gebiete. Das frühere Christentum in Ägypten hat den Rest der christlichen Welt stark beeinflusst und wichtige Theologen hervorgebracht. Auch das klösterliche Leben hat seinen Ursprung in Ägypten. Unter Uthman, dem dritten Kalifen, fiel Ägypten in der Mitte des 7. Jahrhunderts an die arabischen Eroberer, trotzdem sind die Kopten im islamischen Ägypten immer eine wichtige Minderheit geblieben.

Das koptische Kreuz ist das Symbol der koptischen Kirche.

Innenraum der Kathedrale von Alexandria.

Kathedrale in Aswan, Ägypten.

22 Gibt es derzeit einen islamischen Antisemitismus?

Auch heutzutage gehören antisemitische (judenfeindliche) Mythen und Legenden noch immer zur Tagesordnung. Manche arabischen Zeitungen drucken seit Jahren regelmäßig Cartoons über blutrünstige Juden, die die Welt erobern, Palästinenser ermorden und im Westen alle Fäden in der Hand haben wollen. „Die Protokolle der Weisen von Zion", ein antisemitisches Pamphlet aus dem Jahr 1903, in dem eine jüdische Weltverschwörung beschrieben wird, wird in der arabischen Welt noch immer gedruckt und veröffentlicht. Adolf Hitlers antisemitisches Manifest „Mein Kampf" war noch vor einigen Jahren in Ländern wie der Türkei oder Bangladesch ein Bestseller. In der Islamischen Republik Iran werden Pseudowissenschaftler, die behaupten, der Holocaust (der Mord an sechs Millionen Juden während des Zweiten Weltkriegs) habe nie stattgefunden, von der Regierung gefeiert.

Aber können diese heutigen antisemitischen Mythen und Legenden als „islamischer Antisemitismus" bezeichnet werden? Mit anderen Worten: Was genau ist islamisch am Antisemitismus in der muslimischen Welt? Die Koranpassagen, die sich auf den Konflikt zwischen Mohammed und den Juden in Medina beziehen, sind in der Vergangenheit nur selten als Anregung, Juden zu verfolgen, interpretiert worden. Und immerhin durften Juden und Christen über Jahrhunderte hinweg unter dem Statut des Dhimma in islamischen Ländern leben (siehe Frage 20). Die Welt des Islam stand schon früher Flüchtlingen aus Europa offen. Große Gruppen spanischer Juden, die im Jahr 1492 aus dem katholischen Spanien vertrieben wur-

*Insbesondere der iranische Staatspräsident Mahmud Ahmadinedschad (*1956) tritt in den letzten Jahren mit antisemitischen Äußerungen in Erscheinung; so zieht er z.B. den Holocaust an den Juden im Zweiten Weltkrieg in Zweifel und ruft zur Vernichtung des Staates Israel auf.*

den, fanden Zuflucht im Osmanischen Reich. Auch osteuropäischen Juden, auf der Flucht vor Verfolgung und Pogromen, diente das Osmanische Reich im 17. und 19. Jahrhundert als sicherer Zufluchtsort. Selbst im Zweiten Weltkrieg sind Zehntausende von Juden in die Türkei geflohen und so dem Naziregime entkommen. Den Islam also generell antisemitisch zu nennen, würde der Geschichte widersprechen.

Antisemitismus ist vielmehr eine feste Begleiterscheinung des Konflikts zwischen Israel und den Palästinensern geworden. Seit der Gründung des Staates Israel im Jahr 1948 konnten antisemitische Mythen und Legenden – über Juden als Verschwörer, die nach der Weltherrschaft streben – ohne viel Widerstand wachsen und gedeihen. Auch im Jahr 2010 gibt es in der muslimischen Welt noch viele bösartige, antijüdische Vorstellungen, die sich nicht ausschließlich gegen Israel richten, sondern gegen alle Juden weltweit. Je länger der Konflikt andauert, desto tiefer wird sich das antisemitische Gedankengut ins kollektive Gedächtnis eingraben, und desto mehr werden sich entsprechende Stereotype festigen.

Umgekehrt gilt allerdings dasselbe: Auch in Israel ist der Hass gegen Muslime und den Islam im Allgemeinen während der letzten Jahre nur noch größer geworden, und die Erinnerung an 14 Jahrhunderte friedlichen Zusammenlebens zwischen Juden und Muslimen gerät mehr und mehr in Vergessenheit.

Brücke nach Palästina

Rund 100 000 europäische Juden sind während des Zweiten Weltkriegs mit dem Leben davongekommen, indem sie in die Türkei flüchteten. Das Land war zunächst offiziell neutral, schloss sich aber Ende 1943 den Alliierten an. Im Jahr 1941, als Nazideutschland Teile des Balkans und auch Griechenlands eroberte, strömten jüdische Flüchtlinge Richtung Rumänien und Türkei, um von dort nach Palästina zu gelangen. Rumänische Juden versuchten, über das Schwarze Meer in die Türkei zu flüchten; dabei sanken drei der völlig überfüllten Flüchtlingsschiffe. Die britische Regierung Palästi-

Klagemauer und Felsendom: Die beiden Heiligtümer der Juden und Muslime in Jerusalem liegen nur wenige 100 Meter voneinander entfernt.

nas wollte die Araber im Land nicht noch mehr gegen sich aufbringen und versuchte, zu verhindern, dass illegale jüdische Flüchtlinge ins Land kamen. So belief sich die von Seiten der Briten zugelassene Aufnahmequote von Flüchtlingen in Palästina auf 75000 Menschen in fünf Jahren. Trotzdem haben letztlich weit mehr Flüchtlinge den Weg ins Land gefunden. Dieser unkontrollierte Zuzug auf Kosten der im Land lebenden Araber begründete zusammen mit der Gründung des Staates Israel 1948 das spannungsreiche Verhältnis zwischen Juden und Palästinensern.

Fragen 23 bis 31

Streitfälle zum Islam

23. Ruft der Koran zur Gewalt auf?
24. Was bedeutet „Scharia"?
25. Was bedeutet „Dschihad", und was ist dessen Ziel?
26. Kann man als Muslim „aus dem Glauben austreten"?
27. Sind Mischehen im Islam verboten?
28. Sind westliche und islamische Werte Gegensätze?
29. Ruft der Koran zur Unterdrückung der Frau auf?
30. Sind Muslime gegen gleichgeschlechtliche Liebe?
31. Wie wichtig sind Kopftücher eigentlich?

23 Ruft der Koran zur Gewalt auf?

Sicherlich ist die Verbreitung des Islam zum Teil auf die arabischen Eroberungsfeldzüge zurückzuführen (siehe Frage 11). Im Koran gibt es einige Verse, die kriegerische Handlungen nicht ausschließen, ja sie sogar gutheißen. Die ältesten Verse und Kapitel des Korans stammen aus Mekka, die jüngeren aus Medina. Aus Mekka sind der Prophet und seine Anhänger vertrieben worden; der Überlieferung zufolge sind sie nicht ohne Grund nach Medina ausgewichen. Doch der Krieg mit den Mekkanern ging noch weiter: In den Schlachten bei Badr und bei Uhud musste sich die aus der Stadt geflohene muslimische Gemeinde gegen mekkanische Streitkräfte zur Wehr setzen. In Medina fungierte der Prophet außerdem nicht nur als spiritueller Führer für seine Anhänger, sondern auch als Richter, Feldherr und politischer Anführer. Die Arabische Halbinsel war zu Mohammeds Lebzeiten stark von Stammesfehden geprägt, auf die er reagieren musste, um seine Position zu halten. So ist es nur logisch, dass die Verse aus der Medina-Periode gewaltbereiter scheinen als die aus der anfangs noch friedlichen mekkanischen Zeit des Propheten.

Die Zahl der Koranverse, in denen Gewalt beschrieben und angeraten wird, ist allerdings eher klein und stellt nur einen geringen Prozentsatz der Gesamtzahl der Verse dar. Wesentlich mehr Verse betonen, dass nicht Krieg oder Gewalt, sondern Frieden die Norm sein muss und dass Gott barmherzig ist. Viele muslimische Theologen sind der Meinung, dass die mekkanischen Verse die Norm, den Willen Gottes, beschreiben, während in den Versen aus Medina eher der Überlebenskampf der angegriffenen Muslimgemeinschaft zum Ausdruck kommt. Mohammeds eigentliche Motivation war keine Machtgier, sondern die Verkündung einer religiösen Botschaft. Auch in den ersten fünf Büchern der Bibel und bei den Propheten im Alten Testament geht es viel um Kriegsgewalt, und auch Jesus hat dem neutestamentarischen Evangelisten Lukas zufolge gesagt, dass er Feuer und Zwietracht bringe (Kapitel 12, Vers 51). Über Jahrhunderte hinweg sind diese Passagen im Koran oder in der Bibel immer wieder ge- oder besser missbraucht worden, indem sie als Aufrufe zur Gewalt gedeutet wurden. Es gehört nicht viel dazu, die Passagen, in denen es um Gewalt geht, aus dem Koran – oder der Bibel – herauszufiltern und sie losgelöst von ihrem historischen Kontext zu interpretieren. Die Frage, die sich stellt, ist nicht so sehr, ob der Koran oder auch die Bibel zur Gewalt aufrufen, sondern vielmehr, wie viele Menschen diese heiligen Schriften missbrauchen, um damit zur Gewalt aufzurufen. Viel wichtiger, als das, was tatsächlich darin steht, ist, wie die Gläubigen es nutzen.

Während der Belagerung von Nicäa 1097 (Erster Kreuzzug) schleuderten die christlichen Kreuzfahrer die abgeschlagenen Köpfe ihrer muslimischen Gegner in die Stadt, um die Moral der Verteidiger zu schwächen.

Kein Pazifist   Das frühe Christentum wies in den ersten Jahrhunderten seit der christlichen Zeitrechnung stark pazifistische Züge auf. Dies änderte sich jedoch, als das Christentum auch weltliche Macht erlangte und die europäischen Monarchen sich als Hüter des wahren Glaubens betrachteten. Im Islam dagegen waren Glaube und weltliche Macht von Anfang an miteinander verknüpft. Mohammed hat seine Truppen in den Krieg geführt, und trotzdem geht weder aus dem Koran noch aus anderen Überlieferungen hervor, dass er ein besonders gewalttätiger Mensch gewesen ist. Wenn man berücksichtigt, zu welchen Zeiten er gelebt hat, kann man das sicher nicht von ihm behaupten.

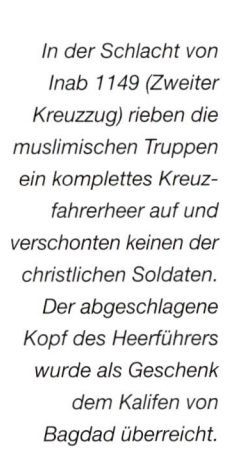

In der Schlacht von Inab 1149 (Zweiter Kreuzzug) rieben die muslimischen Truppen ein komplettes Kreuzfahrerheer auf und verschonten keinen der christlichen Soldaten. Der abgeschlagene Kopf des Heerführers wurde als Geschenk dem Kalifen von Bagdad überreicht.

24 Was bedeutet „Scharia"?

Der Islam ist in erster Linie eine Weltreligion, die beschreibt, wie man leben soll. Ge- und Verbote scheinen dabei oft von größerer Bedeutung zu sein als der genaue Inhalt dessen, was jemand glaubt: Im Zentrum des Glaubens steht für die Muslime die richtige Handlung. Für viele Gläubige ist es deshalb wichtig, ob etwas „halal" (erlaubt) oder „haram" (verboten) ist. Auch eine Tat oder Handlung kann empfohlen (ehrbar), erlaubt oder sträflich (verwerflich) sein. Muslime versuchen daher, ihr Leben in Übereinstimmung mit der „Scharia", wie sie in Koran und Ahadith festgelegt sind. Die Scharia ist nicht ganz mit dem islamischen Recht (Fiqh) gleichzusetzen, das zwar auf dem Willen Gottes basiert, aber als vom Menschen geschaffen betrachtet wird und somit revidiert werden kann.

Die Scharia („der Weg zur Quelle") umfasst ein breites Spektrum von rituellen Vorschriften bis hin zu Ge- und Verboten, die das tägliche Leben wie auch strafrechtliche Fragen betreffen (zum Beispiel Straßenraub, Ordnungswidrigkeiten, Diebstahl, Glücksspiel, Ehebruch und den Genuss von Alkohol). Die Scharia ist aber kein Buch – und schon gar kein Gesetzbuch –, in dem man einfach mal kurz etwas nachschlagen kann. Schon allein, weil es im Islam unterschiedliche Rechtsschulen (siehe weiter unten) gibt, existiert so etwas wie *die* Scharia nicht; die Rechtsauffassungen variieren je nach den Experten, die sie auslegen und damit auch interpretieren. Das „Gesetz Gottes" wird außerdem in vielen muslimischen Ländern immer mal wieder nach Bedarf zurechtgebogen, vor allem, was Personen- und Familienrecht angeht, das den größten Teil der Scharia ausmacht, in einigen Ländern aber auch das Strafrecht. In den meisten muslimischen

Bestrafung eines iranischen Verbrechers durch Auspeitschen der Fußsohlen, Anfang des 20. Jh.

Staaten gibt es eine staatliche Gesetzgebung, die u.a. auf den Regeln der Scharia basiert.

Viele Nichtmuslime aus westlichen Ländern verbinden mit der Scharia vor allem grausame Strafen, wie Hände abhacken, Steinigung oder andere Körperstrafen (die in Deutschland mit der Einführung des Grundgesetzes 1949 verboten wurden), die im Koran für Vergehen wie Ehebruch oder Diebstahl vorgeschlagen werden. Diese Auslegungen der Scharia gibt es aber nur in Ländern wie Saudi-Arabien oder dem Iran, wo strenge Regimes an der Macht sind. In anderen „streng muslimischen" Ländern werden schwere und unmenschliche Strafen nur selten verhängt, geschweige denn ausgeführt. Betrachtet man eine längere Zeitspanne, wie zum Beispiel die letzten 150 Jahre, wird deutlich, dass die Scharia als Gesetzessystem viel an Einfluss verloren hat. Ein Großteil der muslimischen Welt verfügt über ein Strafsystem, das sich hauptsächlich an westlichen Normen und Werten orientiert. Regeln, die augenscheinlich aus der Scharia interpretiert werden, stellen darin nur noch einen kleinen Anteil dar.

Das Gericht der Scharia

In den meisten muslimischen Ländern im Mittleren Osten gibt es zwei Gerichtsarten sowie zwei Sorten Richter. Es gibt normale, weltliche und auf der anderen Seite religiöse Gerichte, die sich oftmals an der Scharia orientieren. „Einfache" Vergehen und Gesetzesüberschreitungen (wie Diebstahl, Betrug usw.) werden vor einem normalen Gericht verhandelt und bestraft. Das Scharia-Gericht dagegen ist für Ehescheidungen, Erbangelegenheiten und Sorgerechtsfragen zuständig.

Verschiedene Rechtsschulen

Innerhalb des Islam gibt es verschiedene Rechtsschulen (oder -traditionen), die alle ihre eigenen Gelehrten und Ausbildungen haben. Jede Rechtsschule verfügt über eine eigene Sammlung von allgemein akzeptierten Rechts- und Gesetzestexten. Muslime aus unterschiedlichen Strömungen des Islam können aber durchaus derselben Rechtsschule angehören. Der sunnitische Islam kennt hauptsächlich vier Rechtsschulen (Hanafitisch, Mailikitisch, Schafiitisch, Hanbalitisch), die jeweils nach ihren Gründern aus dem 8. und

Der Fall der Nigerianerin Safiya Hussaini erregte 2001 weltweit Aufsehen: Nach der Scheidung von ihrem Mann wurde sie nach einer Vergewaltigung schwanger. Wegen außerehelichen Sexualverkehrs wurde sie nach der Geburt des Kindes zum Tod durch Steinigung verurteilt. Erst nach großem internationalen Druck wurde die Anklage bei der Berufungsverhandlung 2002 fallen gelassen.

9. Jahrhundert benannt sind, im schiitischen Islam gibt es ebenfalls mehrere Schulen. Die Regeln dieser unterschiedlichen Schulen schließen einander nicht aus, jedoch gehen die Meinungen bei vielen Themen und Fragen stark auseinander. So ist beispielsweise die Abtreibung nach der einen Rechtsschule erlaubt, während sie nach der anderen Rechtsschule ausschließlich dann angewandt werden darf, wenn das Leben oder die Gesundheit der Mutter bedroht ist.

Darstellung eines islamischen Gerichts aus dem 14. Jh.

Fatwa Eine Fatwa ist ein juristisches Gutachten oder eine Beurteilung eines islamischen Rechtsgelehrten (Mufti) zu einer bestimmten Frage, die die Religion betrifft. So kann man einen Mufti um Rat fragen, indem man ihn um eine Fatwa bittet. Genau wie zum Beispiel die Urteile eines jüdischen Rabbiners sind Fatwas nie juristisch verbindlich. Die Bedeutung ist immer nur so groß wie die der Person, die es ausspricht. Somit hängt die Wirkung einer Fatwa stark von dem Ansehen und dem Einfluss des Muftis ab. Es gibt Fatwas über alle möglichen Angelegenheiten. Im Internet gibt es sogar viele Seiten von „Cybermuftis", die Fragen von jungen Muslimen beantworten.

Dem Schriftsteller Salman Rushdie (*1947) wurde 1989 eine Fatwa zu seinem Roman „Die satanischen Verse" zum Verhängnis: Der iranische Staatschef und oberste Religionsgelehrte Khomeini erklärte, das Buch sei „gegen den Islam, den Propheten und den Koran", verurteilte Rushdie zum Tode und forderte Muslime in aller Welt auf, das Urteil zu vollstrecken. Sogar ein Kopfgeld wurde ausgesetzt. Obwohl sich andere bedeutende muslimische Rechtsgelehrte öffentlich gegen diese Fatwa aussprachen, war die Bedrohung so groß, dass Rushdie untertauchte: Er wechselte regelmäßig seinen Wohnort und stand lange unter Polizeischutz.

25 Was bedeutet „Dschihad", und was ist dessen Ziel?

In den Augen vieler Gläubiger ist Dschihad ein Synonym (= gleichbedeutendes Wort) für die aufopfernde Bereitschaft, den Islam zu verteidigen. Dieser Begriff ist von einem hohen Gefühlswert geprägt, nicht nur für die Muslime, sondern auch für die Kritiker des Islam. Die Übersetzung von Dschihad als „Heiliger Krieg" ist sachlich falsch, sie lautet wörtlich „Anstrengung". Für die meisten gläubigen Muslime bedeutet der Dschihad deshalb keine körperliche oder militärische Gewalt. Für sie stellt er in erster Linie einen inneren Kampf dar, bei dem es darum geht, der eigenen negativen Empfindungen und Neigungen Herr zu werden. Dieser innere, geistige Kampf darum, ein guter Gläubiger zu sein, wird sogar als „großer Dschihad" bezeichnet.

Der Dschihad als Kampf geht auf die Zeit Mohammeds zurück, als die Muslime sich zu Anfang des 7. Jahrhunderts gegen die Angriffe der Mekkaner zur Wehr setzen mussten. In der Vergangenheit wurden viele Kriege in der islamischen Welt unter der Fahne des Dschihad geführt, wobei es keinen Unterschied machte, ob der Gegner islamisch war oder nicht und ob der Krieg der Verteidigung oder dem Angriff diente.

Im vergangenen Jahrhundert wurden die Dekolonisierung von muslimischen Ländern nach dem Zweiten Weltkrieg und der Konflikt mit den westlichen Kolonialmächten als Dschihad bezeichnet. Südafrikanische Muslime benutzten den Begriff für ihren Kampf gegen das Apartheidregime. Gegenwärtig verweisen radikale Gruppierungen in der muslimischen Welt auf diesen Begriff, um (Selbstmord-)Anschläge und andere Gewalttaten gegen die „Feinde des Islam" zu legitimieren. Einige radikal-islamische Rechtsgelehrte sehen im Dschihad als Krieg sogar die sechste Säule des Islam. Im Rahmen von gewaltsamen Konflikten, wie beispielsweise dem Konflikt zwischen den Palästinensern und Israel oder Russland und Tschetschenien, opfern Männer und Frauen ihr eigenes Leben, denn ein Tod als Mudschahed (Kämpfer gegen den Unglauben) gilt als besonders ehrenvoll. Laut islamischer Überlieferung wird ein solcher Tod mit einem Platz im Paradies belohnt. Über die Frage, ob es sich bei diesen Auseinandersetzungen um einen legitimen Dschihad handelt, gehen die Meinungen jedoch stark auseinander, auch – und vor allem – in der muslimischen Welt selbst (siehe auch Frage 37).

Taliban-Kämpfer in Afghanistan bezeichnen den Krieg gegen die Truppen der NATO als ihren Dschihad.

26 Kann man als Muslim „aus dem Glauben austreten"?

Ob man aus dem Islam „austreten" kann, hängt sehr stark von dem Land ab, in dem man lebt. Allerdings: Die große Mehrheit der Muslime denkt überhaupt nicht daran, dem Islam Lebewohl zu sagen – sie kommen gar nicht erst auf die Idee. Im „Dar-ul-Islam", der islamischen Welt, wird man als Muslim geboren und stirbt als Muslim. Anders ist das zum Beispiel in Deutschland, wo jeder, der in einer christlichen Familie geboren und getauft wurde, zu einem bestimmten Zeitpunkt selbst entscheidet, ob er dem Glauben „treu bleiben" möchte (bei der Firmung oder Konfirmation). In einigen Ländern der islamischen Welt wird der Austritt aus dem Islam schwer bestraft, in sehr strengen Ländern kann sogar die Todesstrafe ausgesprochen werden. Im Koran steht jedoch: „Es sei kein Zwang im Glauben." (Sure 2, Vers 256), das gilt auch innerhalb des Islam. Trotzdem ist die Abkehr von der Religion in den meisten Gesellschaften ein Tabubruch, sie gilt dort sogar als Beleidigung des Propheten. Unter islamischen Rechtsgelehrten und im Internet gibt es viele theoretische und juristische Diskussionen über den Glaubensabfall und die Strafe, die darauf steht. Viele Gelehrte sind der Meinung, dass der Übertritt zu einer anderen Religion nicht strafbar ist, oder zumindest nur unter bestimmten Umständen. Außerdem lehrt der Islam selbst, dass es keinen Glaubenszwang geben darf.

In europäischen Ländern ist die Religionsfreiheit im Grundgesetz verankert und wird durch internationale Abkommen über Menschenrechte gewahrt. Es ist aber auch für europäische Muslime schwierig, den offiziellen Austritt aus dem Islam praktisch durchzuführen: Es gibt einfach nirgends ein Amt, auf dem man sich abmelden kann. Außerdem sind die „Abtrünnigen" dem Druck ihrer Familie und ihres persönlichen Umfelds ausgesetzt und können Probleme bekommen, wenn sie jemanden (zum Beispiel ihre Familie) in einem islamischen Land besuchen wollen.

Ex-Muslime In Deutschland gibt es nicht nur alle möglichen muslimischen Organisationen, sondern seit 2007 auch einen Zentralrat der Ex-Muslime. Diese Ex-Muslime wollen öffentlich zeigen, dass sie ihrem Glauben den Rücken gekehrt haben. Die muslimischen Gemeinden in Deutschland fürchten nun, dass eine solche, ihrer Auffassung nach „überflüssige" Organisation die Angst vor dem Islam schürt. Ein Vertreter des Zentralrats der Muslime sagte dazu: „Wenn man aus dem Islam austreten will, ist das eine Sache zwischen Allah und einem selbst. Warum muss man das von den Dächern schreien? Das tun die Christen doch auch nicht." Mina Ahadi vom Zentralrat der Ex-Muslime meint: „Man muss sagen dürfen, dass man Probleme mit dem Islam hat, ohne dass man gleich als Rechtsextremist abgestempelt wird." Ob sich inzwischen mehr als nur ein paar 100 Menschen dem Zentralrat der Ex-Muslime angeschlossen haben, lässt sich nur schwer herausfinden, es gibt keine offiziellen Statistiken dazu.

Kampagne des Zentralrats der Ex-Muslime

27 Sind Mischehen im Islam verboten?

Die Frage, ob Muslime Nichtmuslime heiraten dürfen, wird immer wieder diskutiert, insbesondere in muslimischen Ländern mit nicht muslimischen Minderheiten, wie zum Beispiel im Libanon, in Ägypten oder Indonesien. In westlichen Ländern, in denen viele muslimische Immigranten leben, spielt diese Frage ebenfalls eine Rolle. Nach traditionellen islamischen Normen darf ein männlicher Muslim durchaus eine christliche oder jüdische Frau heiraten, jedoch keine Frau, die keinem Glauben angehört (auch wenn dies so nicht im Koran steht). Christliche oder jüdische Frauen, die einen Muslim heiraten, müssen nicht konvertieren, allerdings ist es die Regel, dass ein Kind aus einer derartigen Ehe automatisch Muslim wird und auch so erzogen werden muss. Umgekehrt sieht es anders aus: Dieselbe Tradition besagt, dass Muslimas (weibliche Muslime) keinen nicht islamischen Mann heiraten dürfen – es sei denn, der Mann tritt vor der Hochzeit zum Islam über. Dass für Frauen andere Regeln gelten als für Männer, hat in erster Linie mit den Kindern zu tun, die aus der Ehe hervorgehen könnten. Man geht davon aus, dass ein christlicher, jüdischer (oder konfessionsloser) Vater sein Kind nicht als Muslim aufziehen kann.

Im Libanon, wo es 18 unterschiedliche anerkannte Glaubensgemeinschaften gibt, hat man für das Problem der Mischehe eine Lösung gefunden: eine Reise ins Ausland. Viele interkonfessionelle Paare lassen sich auf Zypern trauen. In der zypriotischen Hauptstadt Nikosia sieht man ein Mischpärchen aus dem Libanon nach dem anderen, das hier die Ehe schließen will. Auch wenn es im Libanon selbst keine amtliche Trauung gibt (die Zeremonie findet ausschließlich in der Moschee oder Kirche statt), wird eine auf Zypern geschlossene Ehe auch dort anerkannt.

In westlichen Ländern gibt es natürlich keine Beschränkungen, was solche Mischehen angeht, zumal die Trauung ja ganz ohne religiösen Einfluss auf dem Standesamt stattfinden kann. Trotzdem hat oft die Familie ihre Probleme damit, wenn der Sohn seine anders- (oder un-)gläubige Freundin heiraten will. Für eine Muslima, die einen nicht muslimischen Mann heiraten will, kann der Druck der Familie sogar noch höher sein. (Zu Mischehen in Deutschland: siehe Frage 41.)

Bei der standesamtlichen Trauung spielt die Religionszugehörigkeit der Brautleute keine Rolle. In Deutschland ist rechtmäßig nur verheiratet, wer sich dort hat trauen lassen oder seine im Ausland geschlossene Ehe dort hat anerkennen lassen.

Scham Eine Muslima, die einen nicht muslimischen Mann heiraten möchte, bekommt oft Probleme mit ihrer Familie. Dies hat in erster Linie religiöse Gründe, aber auch Gefühle, vor allem Scham, können dabei eine große Rolle spielen. Die Sexualität und insbesondere die Jungfräulichkeit eines Mädchens oder einer Frau ist nicht selten von großer Bedeutung für die Familienehre. Geschlechtsverkehr vor der Ehe oder außerhalb einer festen Beziehung wird von der Familie oft nicht akzeptiert und kann zu ausgewachsenen Familiendramen führen – bis hin zum so genannten Ehrenmord, bei dem die „schuldige" Frau von ihren Verwandten getötet wird, um die Ehre der Familie wiederherzustellen. Diese von Ehre und Scham geprägte Kultur herrscht in vielen muslimischen Ländern vor (und auch unter Muslimen, die in westlichen Ländern leben). Es gibt sie aber auch in anderen Glaubensgemeinschaften – zum Beispiel in christlich-orthodoxen Balkanländern und im hinduistischen Indien. Diese Kultur ist allerdings nicht unbedingt auf religiöse Wurzeln oder den Islam im Besonderen zurückzuführen, sondern viel eher auf frühe (Stammes-)Bräuche und patriarchalische Familienmodelle, in denen die Männer in der Hierarchie über den Frauen standen (und die deshalb auch im Koran so dargestellt werden).

Mahnwache am zweiten Todestag von Hatun Sürürcü in Berlin. Nach dem Bruch mit ihrer Familie lebte sie allein mit ihrem Sohn in Berlin, trug kein Kopftuch mehr und absolvierte eine Berufsausbildung. 2005 tötete ihr Bruder sie, weil sie durch ihre Lebensweise die Familienehre beleidigt habe.

Streitfälle zum Islam

28 Sind westliche und islamische Werte Gegensätze?

Kritiker des Islam meinen, dass es in der islamischen Welt keine Demokratie und auch keine Trennung von Religion und Staat gibt. Die Normen und Werte des Islam sind ihrer Ansicht nach nicht mit westlichen, demokratischen Normen und Werten zu vereinbaren.

Es stimmt, dass die politischen Systeme einiger Länder des Mittleren Ostens undemokratisch sind und diktatorische Züge aufweisen. Länder wie Syrien, Ägypten, Saudi-Arabien und der Iran haben alle sehr unterschiedliche Regierungsformen, von denen jedoch keine als demokratisch bezeichnet werden kann. Es gibt aber auch andere muslimische Länder, wie zum Beispiel die Türkei oder Indonesien, die durchaus demokratische Systeme haben und in denen alle paar Jahre Wahlen stattfinden, an denen auch Islam-Kritiker nichts auszusetzen haben dürften. Demokratie und Islam schließen einander also nicht von vornherein aus. Wenn uns die 14 Jahrhunderte islamischer Geschichte eins gelehrt haben, dann dass der Islam sehr vielseitig und wandelbar ist, und alles andere als unveränderlich. Die Geschichte zeigt auch, dass der Islam an keine bestimmte Staatsform gebunden ist und sich in der Praxis an viele unterschiedliche politische Systeme angepasst hat.

Außerdem muss das Vorurteil abgelegt werden, die Trennung von Religion und Staat sei eine ausschließlich westliche Errungenschaft, die von Muslimen abgelehnt wird (und darum gegen Muslime verteidigt werden muss). In den meisten muslimischen Ländern hat der Staat tatsächlich auch in religiösen Angelegenheiten ein Wörtchen mitzureden. Vereinfacht ausgedrückt, wird die Trennung von Staat und Kirche (Moschee) in westlichen Ländern nur etwas genauer eingehalten als in muslimischen Ländern. Im Westen nimmt die Regierung gegenüber religiösen Angelegenheiten eher eine neutrale Position ein und mischt sich nicht ein. Aber auch in diesen Ländern gilt in Bezug auf diese Trennung nie „ganz oder gar nicht" – die Grenzen sind jedoch überall anders. In Frankreich beispielsweise dürfen Mädchen in der Schule und in öffentlichen Gebäuden kein Kopftuch tragen, in England hingegen kann man durchaus Beamten mit Turbanen oder Kopftüchern begegnen. In England gibt es eine offizielle staatliche Kirche, an deren Spitze die Königin steht. In den Vereinigten Staaten würde wohl in absehbarer Zeit kaum ein Präsident gewählt werden, der nicht an Gott glaubt und seinen (christlichen) Glauben nicht öffentlich bekundet. Und auch in Deutschland gibt es noch einige Punkte, an denen Kirche und Staat miteinander verknüpft sind: Dies zeigt sich zum Beispiel in den christlichen Feiertagen, politischen Parteien mit einem C im Namen, der Kirchensteuer, die vom Staat eingezogen wird, christlich geleiteten Schulen, Kindergärten oder Krankenhäusern, dem ständigen Dialog zwischen Regierung und kirchlichen Einrichtungen usw. Jeder weiß natürlich, dass die deutsche Regierung nicht befugt ist, Priester oder Pastoren zu ernennen, trotzdem werden diese an staatlichen Universitäten ausgebildet. Es ist also offensichtlich, dass auch in Deutschland keine radikale Trennung zwischen Staat und Kirche besteht.

Der Verbindung von westlichem und muslimischem Lebensstil begegnet man mittlerweile überall auf der Welt.

Diyanet In der Türkei ist das Verhältnis zwischen Staat und Religion anders geregelt als in Deutschland. Die türkische Regierung hat durch das Diyanet, das „Amt für religiöse Angelegenheiten", ein ständiges Mitspracherecht in religiösen Fragen. Das Diyanet ist u.a. für die Ausbildung und Erennung der Imame zuständig und bildet die höchste islamische Autorität des Landes.

29 Ruft der Koran zur Unterdrückung der Frau auf?

Wie in den Offenbarungen jüdischer und christlicher Tradition wird auch aus dem Koran oft nur die traditionelle Lesart akzeptiert, nach der die Frau dem Mann untergeordnet ist. Dies erscheint gar nicht so ungewöhnlich, wenn man die patriarchalischen Verhältnisse betrachtet, die zur der Zeit herrschten, als diese drei monotheistischen Religionen entstanden, und die diese natürlich aufnehmen. Im Allgemeinen werden in muslimischen Gesellschaften tatsächlich dem Mann mehr Rechte zugestanden als den Frauen. In der islamischen Gesetzgebung ist das Verhältnis zwischen den Geschlechtern im Hinblick auf Ehe, Scheidung, Vormundschaft, Erbe und noch einige andere Themen geregelt. Hierzu sollte jedoch direkt erwähnt werden, dass die Meinungen über viele ethische und alltägliche Fragen weit auseinandergehen. Durch lokale Bräuche und Auffassungen ist die Position von Frauen und Mädchen in vielen konservativen Ländern sogar schwächer, als das islamische Gesetz es vorschreibt. Nicht selten halten sich die Frauen in solchen Ländern besonders streng an das islamische Gesetz, weil sie damit ihre Stellung nur verbessern können.

Einige Beispiele für die Ungleichwertigkeit der Geschlechter vor dem islamischen Gesetz, das sich strikt an einer traditionellen Auslegung des Korans orientiert, sind: Ein Mann darf sich ohne Angabe von Gründen von einer Frau scheiden lassen, während dies der Frau nur unter ganz bestimmten Voraussetzungen gestattet ist; ein Sohn erbt doppelt so viel wie eine Tochter; dem Ehemann wird die Vormundschaft für seine Kinder zugesprochen, sobald diese acht Jahre alt sind; nach einer Scheidung hat automatisch der Mann das Sorgerecht für die Kinder; vor Gericht zählt die Aussage eines Mannes doppelt so viel wie die einer Frau. Es gibt mittlerweile viele Reformer und auch viele Theologen, die eine andere Herangehensweise an den Koran unter gerechteren Aspekten propagieren und bereits auch Erfolge in der Rechtsprechung erzielen, z.B. in Marokko. Trotzdem bleibt der bittere Beigeschmack, dass in der Realität muslimische Frauen nicht gleichberechtigt anerkannt und behandelt werden. Äußerlich zeigt sich das bereits darin, dass sie zwar die gleichen religiösen Rechte und Pflichten haben wie die Männer, aber beim Gebet in getrennten Räumen sitzen müssen und auch meist kein Gebet leiten dürfen, wenn Männer anwesend sind.

In vielen Ländern wurden die Gesetze zwischenzeitlich modernisiert. In einigen, z.B. in Malaysia, Marokko oder Indonesien, gibt es eine regelrechte islamische Frauenbewegung. Auch die bosnischen Frauen haben in Europa große Schritte in Richtung Gleichberechtigung getan. Fast in der gesamten muslimischen Welt ist die Frage der Gleichberechtigung von Mann und Frau ein sensibles Thema. Besonders im Hinblick auf Ehe, Familie, Scheidung, Erbe etc. (also die Gebiete, auf denen normalerweise das islamische Recht greift), möchte das religiöse Establishment dem Staat nicht zu viel Mitspracherecht einräumen.

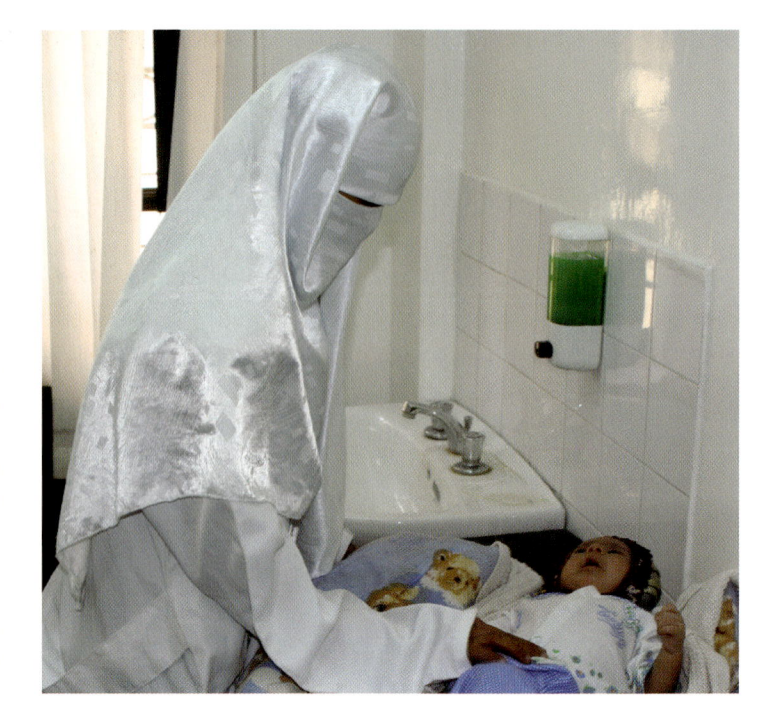

Eine jemenitische Ärztin untersucht ein Kind in der Klinik. Auch in vielen streng islamischen Ländern ist es mittlerweile selbstverständlich, dass Frauen eine Ausbildung machen und in ihrem erlernten Beruf arbeiten.

Weibliche Staatsoberhäupter

In der islamischen Welt ist die Stellung der Frau von Land zu Land ganz unterschiedlich. Im Allgemeinen aber sind die Frauen definitiv auf dem Vormarsch. In Ländern wie Indonesien, Bangladesch, Pakistan und der Türkei hat es in jüngerer Vergangenheit weibliche Staatsoberhäupter gegeben – etwas, das vor nicht allzu langer Zeit noch undenkbar gewesen wäre.

Getrennte Welten

Über die Frage, ob Männer und Frauen in möglichst getrennten Welten leben sollten, gehen die Meinungen unter den Muslimen weit auseinander. In einigen besonders konservativen muslimischen Ländern wird die Trennung sehr streng befolgt. Im Iran zum Beispiel gibt es für Männer und Frauen in öffentlichen Linienbussen getrennte Einstiege und Sitzplätze – Männer vorne, Frauen hinten. In Saudi-Arabien gibt es ein hochmodernes Einkaufszentrum, das nur Frauen zugänglich ist. In Universitäten gibt es getrennte Hörsäle für Frauen und Männer usw. Konservative Geistliche fordern, dass Frauen sich nur in Begleitung ihres Ehemanns oder anderer männlicher Familienmitglieder auf der Straße zeigen. In den meisten anderen muslimischen Ländern gibt es aber keine derartigen Regelungen.

Die Pakistanerin Benazir Bhutto (1953–2007) war die erste Frau an der Spitze eines islamischen Staates. Sie wurde während einer Wahlkampfveranstaltung von einem Selbstmordattentäter getötet, sein Motiv wurde nie aufgeklärt.

„Eine sittsam gekleidete Frau ist wie eine Perle in der Schale einer Muschel." Inschrift an einem Heiligtum in Susa, Iran.

Emanzipation Im Jahr 2005 brach Amina Wadud, Feministin, Muslima und Professorin für die Religion des Islam, in New York ein Tabu. Sie leitete als erste Frau ein Freitagsgebet, bei dem auch Männer anwesend waren. Drei Moscheen hatten sich geweigert, ihre Gebetsräume dafür zur Verfügung zu stellen, darum fand das Gebet in der episkopalen Kathedrale St. John the Divine statt. Das Ereignis rief bei den Muslimen neben einigen positiven auch viele negative Reaktionen hervor – es gab sogar Morddrohungen.

Streitfälle zum Islam

30 Sind Muslime gegen gleichgeschlechtliche Liebe?

Homosexualität ist in der orthodoxen Auslegung des Koran verboten und darum nach Auffassung der allermeisten Muslime nicht mit Gottes Absichten zu vereinbaren. In Sure 26 verurteilt Lut (in der Bibel heißt er Lot) die männliche Homosexualität der Bewohner von Sodom. Sure 4, Vers 16 scheint ebenfalls auf das Thema Homosexualität anzuspielen und fordert, dass die Betroffenen bestraft werden – ein Strafmaß aber wird nicht genannt. Moderne Theologen legen diese Stellen jedoch auch anders aus und sehen darin kein Verbot gleichgeschlechtlicher Liebe. Einige islamische Rechtsschulen sehen strenge Strafen für Homosexualität vor, andere nicht.

Die meisten Gläubigen sind mit den offiziellen Regeln vertraut, in der Praxis aber ist nichts so richtig eindeutig und sehr viel komplizierter. Homosexualität wurde und wird in den meisten islamischen Ländern schon seit Jahrhunderten geduldet, solange sich das Ganze diskret abspielt(e). Aus der Geschichte ist bekannt, dass einige Emire, Kalifen und Sultane sehr ambivalente sexuelle Vorlieben hatten. Im 15. Jahrhundert schickte beispielsweise der osmanische Sultan Mehmet der Eroberer regelmäßig einen Eunuchen los, um ein paar Jünglinge zu besorgen, die den Sultan „unterhalten" sollten. Nicht ohne Grund war der Mittlere Osten im 17., 18. und 19. Jahrhundert im Westen für seine unverblümten homosexuellen Praktiken berüchtigt. In den Badehäusern von Istanbul wurde nicht nur gebadet. Viele so genannte „tellaks", die zum Sauberhalten der Badehäuser angestellt waren, arbeiteten dort auch als männliche Prostituierte. Unzählige Dokumente zeugen von den Badehausaffären der männlichen Besucher, komplett mit Preislisten, auf denen die Preise nach der Zahl der Orgasmen, die die Kunden erreichen würden, gestaffelt waren. Auch in anderen Ländern des Mittleren Ostens ging es der Überlieferung zufolge ordentlich zur Sache.

Darstellung eines homosexuellen Paares beim Liebesspiel aus einer persischen Handschrift des 17. Jh.

Auch heute, im 21. Jahrhundert, ist die Homosexualität ein fester Bestandteil der islamischen Kultur – auch wenn sich nur wenige öffentlich dazu bekennen, schwul oder lesbisch zu sein. Ein weiterer Unterschied zum Umgang mit Homosexualität in westlichen Ländern ist, dass sexuelle Beziehungen zwischen Männern keinesfalls ausschließen, dass diese gleichzeitig mit einer Frau verheiratet sind und womöglich eine Familie haben. Einige arabische Länder waren bis vor nicht allzu langer Zeit noch beliebte Urlaubsziele für Schwule aus dem Westen, nicht zuletzt wegen der überaus männlichen und manchmal sogar offenkundig homoerotisch aufgeladenen Atmosphäre in den Straßen, Cafés und an anderen öffentlichen Orten. Trotzdem verbleibt die Tatsache, dass Homosexualität in vielen muslimischen Ländern nach dem Gesetz strafbar ist. In Ländern wie Marokko, Tunesien oder Syrien wird Homosexualität nur selten bestraft, in Ägypten oder Libyen dagegen kann man dafür im Gefängnis landen. In Malaysia muss man mit einer Gefängnisstrafe und Stockschlägen rechnen, und in Bangladesch gibt es sogar lebenslänglich.

Strafbar In mindestens 22 muslimischen Ländern sind homosexuelle Handlungen auch heute noch strafbar; in manchen Staaten steht darauf sogar die Todesstrafe. Im Iran beispielsweise ist das Gesetz besonders streng, und die Regierung schreckt nicht davor zurück, homosexuelle Männer hinzurichten. Seit der Revolution im Jahr 1979 wurden aller Wahrscheinlichkeit nach ungefähr 4000 (junge) Männer nach einer Verurteilung wegen Homosexualität hingerichtet.

Lesbisch Weder der Koran noch der Hadith äußert sich zum Thema lesbische Beziehungen. Die meisten Muslime empfinden diese Form der Homosexualität ebenso als Sünde wie die männliche, aber auch hier gibt es Ausnahmen. Natürlich gibt es auch lesbische Muslimas. Saskia Wieringa ist außerordentliche Professorin für interkulturelle Frauenbeziehungen an der Universität von Amsterdam und mit einer gläubigen Muslima verheiratet. Durch ihre Ehefrau konvertierte auch sie zum Islam. Wieringa: „Dass Islam und Lesbischsein nicht zusammenpassen, ist ein Märchen. Im Islam gibt es kein einziges Gesetz, das lesbische Beziehungen verbietet. Eines der ganz zentralen Themen im Islam ist die Liebe. Allah hat alle Formen der Liebe geschaffen, und damit auch diese. Im Koran steht, dass wir alle Geschöpfe Gottes sind. (…) Und im Koran steht auch, dass man sich unter Seinesgleichen einen Partner suchen soll. Und aus diesem Text geht nicht hervor, welches Geschlecht dieser Partner haben muss."

„Who says you cannot be gay AND Muslim?"

Denkanstoß in einer niederländischen Zeitschrift.

31 Wie wichtig sind Kopftücher eigentlich?

Kopftücher bei Frauen haben eine starke symbolische Bedeutung und in den letzten Jahrzehnten immer wieder für hitzige Debatten gesorgt, sowohl in islamischen als auch in westlichen Ländern. Für viele Nichtmuslime stehen Kopftücher und Schleier für die durch und durch konservative, Frauen verachtende Seite des Islam. Viele Muslimas hingegen tragen das Kopftuch mit Stolz und wollen damit ihre muslimische Identität ausdrücken.
Wenn man in den islamischen Gesetzen sucht, stößt man ziemlich direkt auf die Bestätigung der Vorschrift, dass Frauen außer Haus ihren Kopf bedecken müssen. Nicht ganz so einfach ist es allerdings, eine solche Anweisung im Koran zu finden. Der einzige spezifische Text findet sich in Sure 33, Vers 53. In anderen Korantexten (Sure 33, Vers 59, Sure 24, Vers 31) wird gläubigen Frauen angeraten, ihre „Schönheit" zu verhüllen und bescheiden zu sein.
Angesichts all der Diskussionen in westlichen Ländern zum Thema Kopftuch und über die Frage, ob – und wenn ja, in welchen Fällen – das Tragen eines Kopftuchs verboten werden sollte, müssen ein paar wichtige Dinge geklärt werden. Erstens ist das Bedecken des Kopfes, wenn man das Haus verlässt, gar nicht ausschließlich mit dem Islam verbunden. Auch in anderen Kulturen (in hinduistisch geprägten Ländern und vielen nicht muslimischen afrikanischen Staaten) tragen Frauen außer Haus einen Schal oder eine andere Kopfbedeckung. Bis ungefähr in die 1950er- oder 1960er-Jahre trugen auch in Westeuropa viele Frauen ein Kopftuch – nicht aus religiöser Überzeugung, sondern vielmehr aus Gewohnheit und

weil es eben zur Kleidung dazugehörte. In der katholischen Kirche waren Frauen bis zum Zweiten Vatikanischen Konzil (1964–1965) sogar verpflichtet, in der Kirche ein Kopftuch zu tragen.

Außerdem darf man nicht vergessen, dass die Regeln über das Tragen des Kopftuchs von Land zu Land stark variieren. In einigen konservativen Ländern (wie zum Beispiel dem Iran und Saudi-Arabien) sind die Regeln sehr streng, und es gibt eine so genannte „Sittenpolizei", die Frauen auf der Straße auf ihre Kleidung ansprechen kann. In anderen Ländern hingegen, wie zum Beispiel der Türkei, ist es weiblichen Beamten sogar verboten, während der Arbeitszeit ein Kopftuch zu tragen, Studentinnen ist der Zutritt zur Uni mit Kopftuch verwehrt. Nachdem sich in der Türkei nun einige islamische politische Parteien gebildet haben, steht diese Regelung allerdings wieder zur Diskussion.

Es gibt sehr viele Widersprüche rund um das Thema Kopftuch. Der erste Widerspruch liegt darin, dass alle Diskussionen über das Kopftuch genau das Gegenteil von dem bewirken, wofür es ursprünglich vorgesehen war: nämlich dafür, nicht aufzufallen, bescheiden zu sein. Durch jede einzelne Debatte werden dieses Stück Stoff und seine Trägerin nur noch mehr in den Mittelpunkt gerückt. Ein weiterer Widerspruch liegt darin, dass das Kopftuch heute auf ganz verschiedene Arten gedeutet werden kann. Als frauenfeindlich und unterdrückend sicherlich, weil das Tragen des Kopftuchs eine Pflicht ist. Gleichzeitig verdeutlicht es aber auch die Aufwertung der Rolle der Frau. Seit ein paar Jahrzehnten nehmen Frauen in muslimischen Ländern durch Schule und Arbeit viel mehr am öffentlichen Leben teil als früher. Darum sind sie – und mit ihnen das Kopftuch – einfach „sichtbarer" geworden. So sieht man in einigen muslimischen Ländern, in denen das Tragen von Kopftüchern weder Pflicht noch verboten ist (Ägypten ist ein gutes Beispiel dafür), heute mehr Kopftücher auf der Straße als noch vor ein paar

Jahrzehnten. Diese größere Sichtbarkeit hat aber auch eine politische Komponente. Um bei dem Beispiel Ägypten zu bleiben: In den 1950er- und 1960er-Jahren – der Regierungszeit von Präsident Nasser, der dem Sozialismus zugewandt war und sich vom kapitalistischen Westen abgrenzte – sah man in Kairo und Alexandria auffallend wenige Kopftücher auf der Straße. In den 1970er-Jahren aber nahm unter der ägyptischen Bevölkerung der politische Islam zu – als eine Art „dritter Weg", eine Alternative zu Kapitalismus und Sozialismus. Das Tragen eines Kopftuchs ist zum Teil also auch eine Form des Protestes gegen die gefestigte (säkulare) Ordnung und die mangelhafte (autoritäre) Demokratie im Land. (Zum Thema Kopftücher in Deutschland: siehe Frage 41.) Frauen ohne Kopftuch sind aber keinesfalls die schlechteren Musliminnen.

Verschleierte Muslima vor der Moschee von Abu Dhabi.

*Bedeutet ein Kopftuch Zwang oder Freiheit?
Das ist die zentrale Frage im so genannten Kopftuchstreit.*

In allen Größen und Formen

Kopftuch ist nicht gleich Kopftuch: Es gibt sie in allen Größen und Formen. Das normale Kopftuch (Hidschab) ist am häufigsten. Der Khimar sieht dem Hidschab sehr ähnlich, ist aber ein Stück länger und bedeckt auch Hals und Schultern. Das Gesicht bleibt dabei vollständig frei. Der Tschador wird oft im Iran getragen und ist ein wallender Mantel, der Kopf und Körper komplett verhüllt, das Gesicht aber freilässt. Der Nikab ist dem Tschador ähnlich, nur dass er auch Nase, Mund und Wangen verdeckt. Die Burka verhüllt die Muslima komplett von Kopf bis Fuß und hat lediglich einen kleinen Gaze-Einsatz auf Augenhöhe, damit die Frau etwas sehen kann. In mehreren europäischen Ländern, aber auch im arabischen Raum, gibt es Gesetze, die das Tragen von Nikab oder Burka verbieten.

Kopftücher in allen Variationen (von oben nach unten): Hidschab, Nikab, Burka; Tschador und Burqa, eine Variante, die im Süden des Iran getragen wird.

Fragen 32 bis 39

Politische Streitfälle

32. Wie entstand der Nahost-Konflikt?
33. Welche Bedeutung hat Jerusalem für den Islam?
34. Was versteht man unter Islamisten?
35. Was hat Al-Kaida mit dem Islam zu tun?
36. Warum greift Al-Kaida die USA nicht noch einmal an?
37. Sind Selbstmordattentate im Islam erlaubt?
38. Wer wird im Krieg gegen Terrorismus eigentlich bekämpft?
39. Warum wird der EU-Beitritt der Türkei abgelehnt?

32 Wie entstand der Nahost-Konflikt?

Der erste israelische Premierminister David Ben-Gurion (1886–1973) proklamiert 1948 den Staat Israel.

Der Konflikt zwischen Israel und den Palästinensern ist ein territorialer und politischer Konflikt, bei dem es in erster Linie um das Verfügungsrecht über ein Stück Land geht. Besitzansprüche auf das Land selbst und das Wasser, mit dem es bewirtschaftet werden soll, spielen hierbei eine immer wichtigere Rolle. Bei dem Konflikt handelt es sich nicht um eine religiöse Fehde zwischen Juden und Muslimen, trotzdem spielen auf beiden Seiten starke religiöse Emotionen eine Rolle. Die Hamas im Gazastreifen und die Hisbollah im südlichen Libanon definieren sich beide ausdrücklich als militante islamische Streitkräfte, die „in Gottes Namen" kämpfen. In so mancher Moschee wird jeden Freitag zum Dschihad gegen die „zionistische Einheit" (Zionismus = jüdische Bewegung, die die Errichtung, Rechtfertigung und Bewahrung eines jüdischen Nationalstaats in Palästina fordert) aufgerufen. Aber auch ein Großteil der über 300 000 jüdischen Siedler im Westjordanland – das während des Sechstagekriegs im Jahr 1967 von Israel erobert wurde – erhebt aus religiösen Gründen Anspruch auf das palästinensische Gebiet. Sie haben geschworen, dieses von Gott „gelobte Land" nie mehr zu verlassen, und sich schwer bewaffnet, um ihren Worten Nachdruck zu verleihen.

Die religiösen Beweggründe für diesen so genannten Nahost-Konflikt treten heute immer deutlicher zu Tage, aber lange Zeit hatte der Konflikt nicht viel mit Religion zu tun. Viele der jüdischen Emigranten, die vor dem Zweiten Weltkrieg aus Europa nach Palästina gingen, waren sozialistische oder kommunistische Zionisten. Der Kibbuz-Bewegung lagen keine religiösen Überzeugungen zu Grunde, sondern utopische Ideale über Leben und Arbeit im Kollektiv. Israel wurde im Jahr 1948 nicht als religiöser Staat gegründet, sondern von säkularen (nicht religiösen) Zionisten geführt. Bei den arabischen Einwohnern Palästinas handelte es sich vor wie auch nach 1948 lange nicht ausschließlich um Muslime. Genau wie im Libanon lebten auch in Palästina viele arabische Christen. Der mächtigste Gegenspieler Israels war lange Zeit die PLO (die Palästinensische Befreiungsorganisation) unter der Leitung von Yassir Arafat, die in erster Linie sozialistische, nicht aber religiöse Ziele verfolgte. Erst in den 1980er-Jahren bildeten sich die ersten militanten Muslimorganisationen, die sich für die Befreiung Palästinas einsetzten; die Hamas zum Beispiel wurde im Jahr 1987 gegründet. Wie überall im Mittleren Osten kam in diesen Jahren in Palästina der politische Islam auf, der eine willkommene Alternative zum gescheiterten arabischen Nationalismus bot – als Protestmittel gegen autoritäre Regimes und als Mittelweg zwischen dem kapitalistischen Westen und dem kommunistischen Ostblock. Von großer Bedeutung war hierfür auch die islamische Revolution im Iran.

Die Religion spielt mittlerweile sowohl zwischen den streitenden Parteien als auch innerhalb der beiden Lager eine immer größere Rolle. Die Hamas führt nicht nur einen Krieg gegen Israel, sondern auch gegen die viel weniger religiös orientierte Palästinensische Autonomiebehörde, die noch im Westjordanland regiert, sowie gegen die Muslime im Gazastreifen, die keinen islamistischen Staat wollen. Der Kampf der Hamas ist zum großen Teil ein Kampf um den Charakter eines zukünftigen Palästinenserstaats: Wird es ein islamistischer oder ein nicht religiöser Staat? Auch innerhalb der israelischen Politik nehmen religiöse Angelegenheiten seit einiger Zeit einen immer größeren Stellenwert ein. Orthodox-religiöse Parteien haben sehr viel an Einfluss gewonnen. Die Zahl der religiösen Siedler im Westjordanland hat sich seit Mitte der 1990er-Jahre mehr als verdoppelt. Über eine ganze Reihe von Fragen, die normalerweise die Rabbiner zu entscheiden haben – wie zum Beispiel Ehe, Scheidung und Sorgerecht betreffend – erhitzen sich die Gemüter zwischen den religiösen und nicht religiösen Israelis. Auch in der Politik umfasst die religiöse Dimension vor allem die Beschaffenheit des Staats. Aber wie schon gesagt: Ursprünglich hatte der Konflikt zwischen Israelis und Palästinensern nichts mit Gott zu tun, sondern mit Land.

Nachdem 2008 immer wieder Raketen aus dem Gazastreifen auf Ziele in Israel (hier wurde z.B. ein Kindergarten getroffen) abgefeuert worde waren, begann die israelische Armee am 27.12.2008 mit Luftangriffen und dem Einmarsch der Armee in den Gazastreifen. Mitte Januar 2009 wurde die Aktion, bei der auch Moscheen zerstört wurden, beendet, und es herrscht ein Waffenstillstand. Seit September 2010 werden nach jahrelangem Schweigen auch wieder direkte Friedensgespräche zwischen Israel und Palästinensern geführt.

Wasser Der Nahost-Konflikt wird immer mehr zu einem Streit nicht nur um Land, sondern auch um Wasser. Israel kontrolliert die gemeinsamen Trinkwasserbestände. Nach Amnesty International kommt es hierbei zu erheblicher Diskriminierung, denn die palästinensische Bevölkerung im Westjordanland hat nur sehr eingeschränkten Zugriff auf diese Wasservorräte. In ländlichen Gebieten müssen sich die palästinensischen Dorfbewohner immer wieder auf die Suche nach Wasser für ihren Grundbedarf machen. Der tägliche Wasserverbrauch eines Palästinensers beträgt ungefähr 70 Liter pro Tag; der eines israelischen Siedlers dagegen ist rund 4-mal so hoch. Ein Teil dieses gemeinsamen Wassers landet in großen Bewässerungssystemen, Gärten und Schwimmbädern.

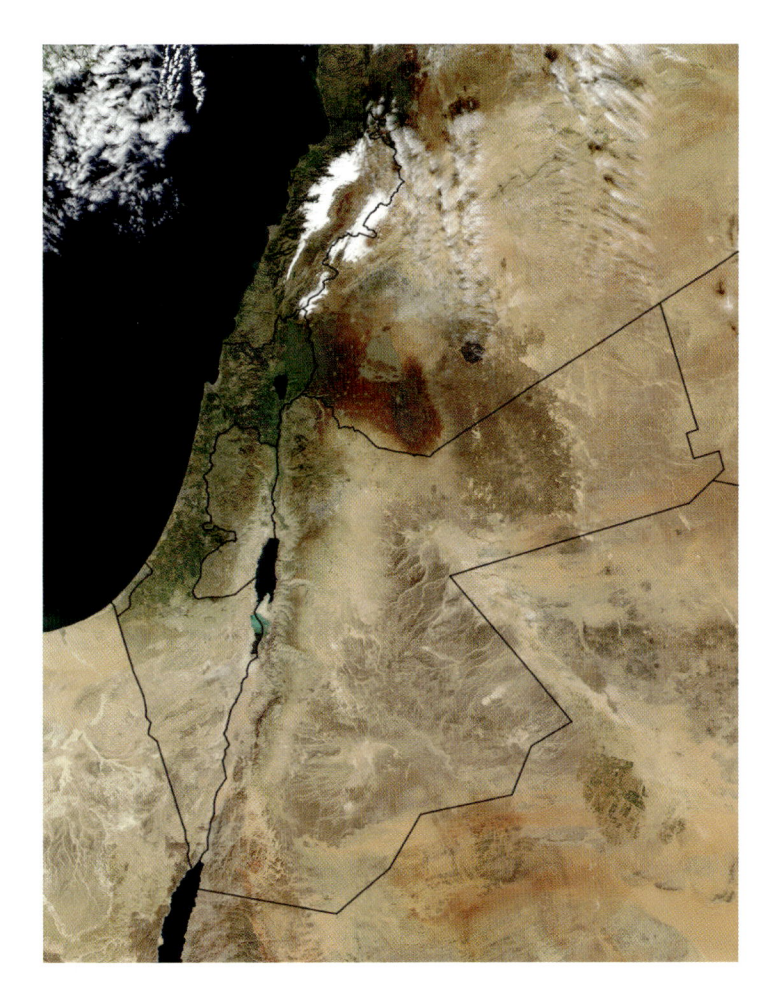

In dieser Satellitenaufnahme ist gut zu erkennen, dass Israel den Zugang zum Wasser kontrolliert.

Politische Streitfälle

33 Welche Bedeutung hat Jerusalem für den Islam?

Für die Christen ist Jerusalem die Stadt, in der Jesus gekreuzigt wurde, und darum schon seit dem Mittelalter ein wichtiger Wallfahrtsort. Die Juden sehen Jerusalem als die alte und neue Hauptstadt Israels. Aber auch für Muslime hat Jerusalem (auf Arabisch heißt es Al-Quds) eine besondere Bedeutung: nach Mekka und Medina ist sie die dritte wichtige Stadt. Nicht nur wegen der Assoziationen mit Jesus, David, Salomon und anderen biblischen Propheten, sondern vor allem, weil Jerusalem die Stadt ist, in die der Prophet Mohammed seine nächtliche Reise auf dem geflügelten Esel Buraq (siehe weiter unten) unternommen hat. In Jerusalem stehen zwei wichtige islamische Heiligtümer direkt nebeneinander: die Al-Aksa-Moschee und der Felsendom (er ist keine Moschee, sondern eine Gedenkstätte). Beide Bauwerke stammen aus der zweiten Hälfte des 7. Jahrhunderts, wurden aber im Lauf der Jahre mehr und mehr umgebaut. So wurde beispielsweise das halbrunde Dach des Felsendoms erst im 20. Jahrhundert mit goldfarbenen Platten versehen. Im Felsendom kann man einen Fußabdruck Mohammeds sehen, den er hinterließ, kurz bevor er bei seiner nächtlichen Reise in den Himmel aufstieg.

Über den Status von Jerusalem und die Frage, ob es eine jüdische, christliche, islamische oder auch eine multireligiöse Stadt sein soll, wird seit einigen Jahren viel diskutiert. Ein Blick auf die Geschichte zeigt jedoch, dass die religiöse Bedeutung dieser Heiligen Stadt zum Teil etwas übertrieben dargestellt wird. Zwar zog es Juden auf der ganzen Welt vor allem aus spirituellen und religiösen Gründen nach Zion (der Name eines Hügels in Jerusalem). Trotzdem ließen sich im Lauf der Jahrhunderte, in denen Jerusalem Teil des Osmanischen Reichs war, nur wenige Juden in dieser Stadt nieder. In anderen Städten (wie zum Beispiel Istanbul oder Alexandria) gab es viel größere jüdische Gemeinden. Zu dieser Zeit war Jerusalem auch für Muslime ein eher wenig beliebtes Ziel. Es war nur eine bescheidene Provinzstadt. In den Anfängen des Zionismus, der zu Beginn von säkularen (nicht religiösen) Zionisten wie David Ben-Gurion, angeführt wurde, hatte der Gedanke an die Kontrolle über ein „ungeteiltes" Jerusalem kaum Priorität. Nach der Gründung des Staates Israel (1948) kontrollierte zunächst das jordanische Heer den östlichen Teil Jerusalems. Dies änderte sich dann im Jahr 1967, nach dem Sechstagekrieg, als Israel von seinen arabischen Nachbarn überfallen wurde und infolgedessen noch eine ganze Menge neuer Gebiete erobern konnte – darunter auch Ost-Jerusalem. Bis heute ist der genaue Status Jerusalems umstritten. Israel rief im Jahr 1980 das „gesamte und ungeteilte" Jerusalem zur Hauptstadt des Landes aus, was bis heute von den meisten Ländern der Welt nicht anerkannt wird. So haben

Die Al-Aksa-Moschee in Jerusalem

sich viele ausländische Botschafter in Tel Aviv oder West-Jerusalem niedergelassen. Die Palästinenser im Westjordanland wollen erreichen, dass Jerusalem die Hauptstadt eines unabhängigen palästinensischen Staates wird. Wie im ganzen Westjordanland gründet Israel jedoch auch in Ost-Jerusalem und Umgebung immer mehr Siedlungen.

Die nächtliche Reise

In einer Koransure wird auf eine nächtliche Reise angespielt, die der Prophet Mohammed nach Jerusalem gemacht hat. Er ritt dabei auf einem mythischen Tier, dem pferdeähnlichen geflügelten Reittier Buraq – ein Name, der nicht im Koran, wohl aber im Hadith genannt wird. Der Engel Gabriel brachte Mohammed nach Jerusalem, wo er Buraq mit einem Seil an einem Ring in der Westmauer festband. Nach dem Gebet saß Mohammed dann wieder auf, und Buraq erhob sich mit ihm in die Luft. Viele gläubige Muslime sind jedoch der Meinung, dass Mohammed diese Reise nicht physisch unternommen hat, sondern nur im Geiste.

Die Himmelfahrt Mohammeds. Illustration aus einem persischen Buch des 16. Jh.

34 Was versteht man unter Islamisten?

Das Wort Islamismus bezeichnet den politischen Islam. Dabei handelt es sich um einen Sammelbegriff für unterschiedliche politische Ideologien, die auf einer konservativen, wörtlichen Interpretation des Koran basieren. „Tauhid", ein zentraler Begriff der Islamischen Theologie, wird im politisch orientierten Islam in eine einseitige Richtung interpretiert, so z.B., dass die „göttliche Einheit" durch die Gründung eines islamischen Staates gefestigt werden müsse. Einige islamistische Extremisten wie auch Reformer streben die Einführung eines solchen islamischen Staats an, sind sich aber nicht darüber einig, wie man dieses Projekt angehen soll. Manche Islamisten wollen wieder ein Kalifat einführen – das ist die Staatsform, die sich im Mittleren Osten nach dem Tod Mohammeds herausbildete und in der der Kalif (Nachfolger Mohammeds) die Rolle des politischen, militärischen und religiösen Führers übernahm. Allen unterschiedlichen islamistischen Strömungen gemein ist die Forderung, dass ihre Auffassung der Scharia (siehe Frage 24) strenger eingehalten werden müsse.

Bekannte islamistische Organisationen sind die Muslimbruderschaften in Ägypten sowie die Hamas im Gazastreifen. Al-Kaida und das dazugehörige Netzwerk (siehe Frage 35) gilt als radikalste und gewalttätigste Strömung des Islamismus. Ein wichtiges Zentrum des politischen Islam ist Südostasien (Pakistan und Bangladesch). Die islamistischen Organisationen engagieren sich dort stark in sozialen und gesellschaftlichen Bereichen – etwas, das auch auf dem Prinzip des Tauhid basiert – und gewinnen damit Sympathien in der Bevölkerung.

Der Islamismus wird von vielen Menschen – Muslimen und Nichtmuslimen – als gefährliche und totalitäre Ideologie gesehen. Nicht alle Islamisten ermutigen zu Gewaltanwendung gegenüber Andersdenkenden und Menschen anderer Glaubenszugehörigkeit, aber ein Teil von ihnen lehnt solche Methoden auch nicht ausdrücklich ab. Die Zahl der Anhänger dieser radikal-islamischen Organisationen weltweit zu schätzen, ist schwer. Eine groß angelegte Umfrage des amerikanischen Meinungsforschungsinstituts Gallup, die im Jahr 2008 veröffentlicht wurde, ergab, dass kaum sieben Prozent aller Muslime auf der ganzen Welt sich als „politisch radikal" bezeichnen würden. Die einzigartige Untersuchung dauerte sechs Jahre und wurde in 36 muslimischen Ländern durchgeführt, wobei 5000 Muslime im direkten Gespräch befragt wurden. Der Leiter dieser Untersuchung, Professor Esposito (Professor der Islamwissenschaft an der Georgetown Universität in Washington) meint: „Diese sieben Prozent bedeuten nicht, dass diese Menschen auch tatsächlich Gewalttaten verüben. Sie können allerdings potenzielle Anlaufstellen für die Rekrutierung von Kämpfern bilden." Die Gallup-Untersuchung von Professor Esposito beweist durch konkrete Zahlen, dass der Großteil der muslimischen Welt nichts mit Extremisten und radikalen Auffassungen zu tun hat: Der Durchschnittsmuslim träumt hauptsächlich von einem angenehmen Job und Sicherheit – wie eigentlich jeder auf dieser Welt. Im Rahmen der Studie wurde außerdem deutlich, dass die politisch radikalen Muslime in der Regel auch nicht gläubiger sind als „normale" Muslime. Dafür sind sie oft gebildeter, haben bessere Jobs und sind reicher als der Durchschnitt. Der Verfassungsschutz schätzt die Zahl der Islamisten in Deutschland auf ungefähr 35000, das ist weniger als ein Prozent der Gesamtanzahl der hier lebenden Muslime. Die größte Organisation, bei der der Verfassungsschutz „islamistische Tendenzen" vermutet, ist die islamische Gemeinschaft Milli Görüs (der etwa 27500 türkische Muslime in Deutschland angehören).

Auf einer Aktion gegen die Angriffe der Israelis auf den Gazastreifen 2009 vergleicht diese Demonstrantin Israel mit Nazideutschland während des Zweiten Weltkrieges.

Unterstützer-Demonstration in Damaskus für die islamistische Organisation Hamas während des Angriffs der israelischen Armee auf den Gazastreifen 2008.

Fundamentalisten   Es gibt viele Bezeichnungen für islamistische Bewegungen: Salafis („zurück zu den Vorfahren"), politischer Islam, radikaler oder extremistischer Islam, Neo-Traditionalismus usw. Ein anderer Begriff, den man in diesem Zusammenhang häufig liest, lautet Fundamentalismus. Dies ärgert jedoch solche Muslime, denen einfach die traditionellen Ausgangspunkte und festen Werte des Koran und Hadith wichtig und teuer sind (übrigens genauso, wie

Politische Streitfälle   123

sich besonders traditionelle christlich-evangelikale Gemeinden gegen die Bezeichnung wehren). Nur weil jemand an fundamentalen Punkten festhält, macht ihn das nicht gleich zum Gewalttäter oder -befürworter. Islamisten dürfen außerdem nicht mit Islamiten (ganz normalen Muslimen) verwechselt werden, auch wenn dieser Begriff nur selten gebraucht wird.

35 Was hat Al-Kaida mit dem Islam zu tun?

Die Motive von Al-Kaida sind einfacher zu verstehen als die Organisation selbst. Al-Kaida ist keine zentral (von Osama bin Laden) geleitete Partei mit einem Hauptbüro in irgendeiner Stadt. Vielmehr handelt es sich dabei um ein internationales Netzwerk unabhängiger Gruppen, die miteinander in Verbindung stehen und mehr oder weniger dieselbe radikale islamistische Ideologie teilen. Al-Kaida (arabisch für „die Basis") kann man auch als eine Art gewalttätige, dezentralistisch organisierte islamistische Sekte – eine Sekte selbsternannter Verteidiger des „wahren" Islam – bezeichnen. Wie viele Menschen insgesamt für Al-Kaida tätig sind und wie genau die Aufgaben (zum Beispiel logistische und finanzielle Unterstützung oder Training) verteilt werden, ist kaum bekannt. Wahrscheinlich ist, dass sich weltweit über 40 Gruppen auf die eine oder andere Weise diesem Netzwerk angeschlossen haben und es somit höchstens einige Tausend echte Aktivisten gibt.

Seit den Selbstmordanschlägen des 11.9.2001 in New York (World Trade Center) und Washington (Pentagon) ist Al-Kaida auf der ganzen Welt bekannt. Fast 3 000 Menschen kamen bei den Anschlägen ums Leben. Drei Jahre zuvor, im Jahr 1998, hatte Osama bin Laden mittels einer Fatwa zu einer „islamischen Weltrevolution" aufgerufen, zur „Befreiung" der Al-Aksa-Moschee in Jerusalem sowie der Städte Mekka und Medina und zum Dschihad gegen alle fremden (sprich: westlichen) Truppen in islamischen Ländern. Da bin Laden kein echter islamischer Rechtsgelehrter ist, hatte seine Fatwa nach den Regeln des islamischen Rechts keinen großen Wert. Dennoch hat dieser Aufruf deutlich gemacht, wie sehr bin Laden daran gelegen ist, einen weltweiten religiösen Konflikt anzuzetteln: einen universalen Dschihad gegen den Westen, gegen

Der zerstörte Nordturm des World Trade Center nach den Anschlägen vom 11. September 2001.

Israel und vor allem gegen das korrupte saudische Königshaus, dessen Mitglieder in seinen Augen „Marionetten des Westens" sind (deshalb der Aufruf zur Befreiung der heiligen Städte).

Die Frage ist nicht nur, welche Position Al-Kaida in der islamischen Welt einnimmt, sondern vor allem auch, wie viele Anhänger und Sympathisanten diese radikal-islamische Gruppierung hat. Eine Meinungsumfrage, die das amerikanische Pew-Institut im Jahr 2002 (also im Jahr nach den Anschlägen vom 11. September) in einigen muslimischen Ländern durchgeführt hat, zeigt, dass bin Laden anfangs offenbar noch recht viele Sympathisanten hatte: In Jordanien, Marokko, Indonesien und Pakistan gaben zwischen 45% und 56% der Bevölkerung an, mit bin Laden und seinem Kampf gegen den amerikanischen Imperialismus einverstanden zu sein. Dies hat sich mittlerweile jedoch geändert, wie auch die Studie von Professor Esposito aus dem Jahr 2008 (siehe Frage 34) deutlich gemacht hat. Wahrscheinlich hat man in der Zwischenzeit auch in der muslimischen Welt erkannt, dass diese neue, unkonventionelle Form der Kriegsführung fast ausschließlich unschuldige Bürger (und vor allem Muslime!) das Leben kostet.

Wie ist Al-Kaida entstanden?

Al-Kaida entstand als Kampfeinheit während des Krieges in Afghanistan (1979–1989). Im Krieg schlossen sich radikale Gruppierungen zu Mudschaheddin, was „Kämpfer" bedeutet, zusammen. Die Mudschaheddin kämpften mit Unterstützung der amerikanischen CIA und dem pakistanischen Geheimdienst gegen die damalige kommunistische Regierung und die Sowjettruppen im Land. Freiwillige aus Algerien, Libyen, dem Irak, Saudi-Arabien und Ägypten – von den Afghanen allesamt als „Araber" bezeichnet – schlossen sich den afghanischen Mudschaheddin an. Der Sieg über eine nicht islamische Großmacht brachte bin Laden auf die Idee, mit ein paar Gleichgesinnten Al-Kaida zu gründen.

Am 22. August 2010 demonstrierten viele New Yorker gegen den Bau einer Moschee in der Nähe von Ground Zero, dem Platz, an dem das World Trade Center stand.

36 Warum greift Al-Kaida die USA nicht noch einmal an?

Die Anschläge, die Al-Kaida oder anderen Organisationen aus demselben terroristischen Netzwerk zugeschrieben werden, haben viele Todesopfer gefordert. Oft handelte es sich dabei um gleichzeitig durchgeführte Selbstmordanschläge mit Bomben – also um Unterfangen, die nicht viel Geld, dafür aber sehr viel Vorbereitung und Organisation erfordern. Bei den Bombenanschlägen auf die amerikanischen Botschaften in Nairobi und Daressalaam (1998) kamen über 200 Menschen ums Leben, rund 4000 wurden verletzt. Bei den Anschlägen auf mehrere Pendlerzüge in Madrid (11. März 2004) gab es 191 Todesopfer und etwa 2000 Verletzte. Die Bomben, die im Londoner Nahverkehr explodierten (7. Juli 2005) forderten 56 Todesopfer und etwa 700 Verletzte. Und vier Monate später starben bei einem Selbstmordanschlag in Jordanien 58 Menschen. Verschiedene internationale Islamisten be-

Politische Streitfälle

kannten sich im Namen von Al-Kaida zu den dafür nötigen Entführungen, Morden und Selbstmordanschlägen. Außerdem könnten Al-Kaida-Gruppen am Konflikt zwischen Sunniten und Schiiten im Irak, den immer wieder aufflackernden Kriegen in Tschetschenien und Kaschmir sowie der Gewalt in Somalia beteiligt sein, dies ist jedoch schwer zu beurteilen. Fakt ist aber, dass diese Art Konflikte eine große Anziehungskraft auf internationale Islamisten ausüben.

Al-Kaidas Dschihad für den wahren Islam verfolgt internationale und globale Ziele und richtet sich nicht im Speziellen gegen die Vereinigten Staaten. Viel wichtiger ist Al-Kaida womöglich der Kampf gegen das saudische Königshaus, das Regime in Kairo und andere arabische Diktatoren. Bin Laden und seine Anhänger sind der Meinung, dass in der islamischen Welt ein Bürgerkrieg stattfindet. Die Vereinigten Staaten unterstützen dabei ihre Gegner im Krieg, weswegen auch dieses Land und seine Kultursymbole angegriffen werden. Al-Kaida hat allerdings vorläufig kein Interesse daran, New York, London oder Madrid zu erobern – der wahre Hauptpreis ist Mekka.

Gedenktafel für die Opfer der Terroranschläge in London am 7. Juli 2005.

Eine moderne Organisation

„Al-Kaida ist im Kern eine durchaus moderne Organisation. Aber das Netzwerk ist nicht nur deshalb modern, weil es Satellitentelefone, Laptops und kodierte Webseiten benutzt. Der Anschlag auf die Twin-Towers zeigt, dass Al-Kaida begriffen hat, dass Kriege im 21. Jahrhundert spektakuläre Aktionen sein müssen, für die die Verbreitung von Bildern über die Medien eine der zentralen Strategien ist. Ein weiterer Teil dieser Strategie ist der Gebrauch des Satellitenfernsehens, um Anhänger in muslimischen Ländern zu mobilisieren." (John Gray, Professor für europäische Ideengeschichte an der London School of Economics, 2003)

Der Überfall auf die Heilige Moschee

Die Wurzeln von Al-Kaida gehen auf den afghanischen Krieg in den 1980er-Jahren zurück. Doch schon in den 1970er-Jahren regten sich die radikalen Anhänger des „wahren" Islam. Der Überfall auf die al-Haram-Moschee in Mekka, die Heilige Moschee im Zentrum der muslimischen Welt, im Jahr 1979 ist die spektakulärste Aktion, die die bewaffneten militanten Islamisten bis heute unternommen haben. Es gibt keine Videoaufnahmen (zumindest keine freigegebenen), weshalb der Übergriff weitgehend aus dem kollektiven Gedächtnis des Westens verschwunden ist. Nach dem Morgengebet am 20. November nahm eine Gruppe von bewaffneten Männern die mekkanische Moschee ein. Sie verschlossen alle 39 Türen und Tore, nahmen viele Gläubige als Geiseln – wahrscheinlich mehr als 50 000! – und verkündeten, dass der Mahdi (eine Art Messias, der am jüngsten Tag erwartet wird) gekommen sei, um den Islam zu reinigen. Die saudi-arabische Armee beendete die Besetzung mit viel Gewalt und Blutvergießen und Unmengen an Tränengas (genug, um eine kleine Stadt lahmzulegen). Wie viele Menschen dabei genau ums Leben kamen, ist bis heute unbekannt, es soll jedoch mindestens 300 Tote und über 600 Verletzte gegeben haben. 64 Täter wurden gefasst, zum Tode verurteilt und enthauptet. Der junge Osama bin Laden sympathisierte stark mit den Aufständischen, die die Moschee besetzten.

37 Sind Selbstmordattentate im Islam erlaubt?

Die Selbstmordanschläge, mit denen Al-Kaida und andere radikale islamistische Gruppierungen in den 2000er-Jahren immer wieder Schlagzeilen machten, sind keine islamische Erfindung. Wenn man in der Geschichte zurückblickt, stößt man immer wieder auf Fälle, bei denen Suizid als Waffe gebraucht wird. Am bekanntesten sind wahrscheinlich die japanischen Kamikazepiloten, die während des Zweiten Weltkriegs mit ihren Flugzeugen amerikanische Kriegsschiffe in die Luft jagten. In ihrem Kampf gegen die französische Kolonialmacht sprengten sich Anfang der 1950er-Jahre „Freiwillige" der vietnamesischen Widerstandsorganisation Viet Minh in die Luft, um französische Panzer außer Gefecht zu setzen. Auch die Gruppe hinduistischer Widerständler Tamil Tigers verübte in ihrem Kampf für einen unabhängigen Staat der Tamilen auf Sri Lanka Selbstmordanschläge. Im (Bürger-)Krieg im Libanon in den 1980er-Jahren wurden mehr als 50 Selbstmordattentate verübt, wodurch Hunderte von Menschen ums Leben kamen.

Doch die Beweggründe für diese Anschläge waren nicht in erster Linie religiöser Natur. Die ersten Selbstmordanschläge im Konflikt zwischen Israel und den Palästinensern ereigneten sich Mitte der 1990er-Jahre, nachdem 1994 zuerst ein israelischer Siedler aus den Vereinigten Staaten in einer Moschee in Hebron ein Blutbad angerichtet hatte. Bei dem Anschlag kamen 29 Palästinenser ums Leben, etwa 150 Menschen wurden verletzt. Der Attentäter wurde von der Menge gelyncht. Der Anschlag in Hebron gab für die Hamas den Ausschlag für eine Selbstmordserie, die sich gegen israelische Bürger richtete.

Selbstmordanschläge sind eine grauenvolle Art, Angst und Schrecken zu verbreiten, insbesondere wenn sie sich gegen unschuldige Bürger richten. Darüber hinaus verfolgen die Täter damit ein strategisches Ziel. Studien haben ergeben, dass 95 Prozent aller Selbstmordanschläge zwischen 1980 und 2004 das Ziel verfolgten, einen demokratischen Staat dazu zu zwingen, seine Truppen aus dem Land abzuziehen, das die Terroristen als ihr Heimatland betrachteten. Längst nicht alle Selbstmordattentäter sind Männer: Schätzungen zufolge wurden 30–40 Prozent aller Selbstmordanschläge, die in den vergangenen Jahren im Irak verübt wurden, von Frauen ausgeführt. Insgesamt starben im Jahr 2008 weltweit über 3 000 Menschen bei Selbstmordattentaten.

Nach islamischer Tradition ist Suizid jedoch nicht zulässig. Im Koran (Sure 4, Vers 29) steht, dass es verboten ist, sich selbst zu töten. Im Hadith wird sogar an mehreren Stellen ganz eindeutig und ausdrücklich ein Verbot gegen Selbstmord ausgesprochen. Trotzdem gilt der Tod im Kampf um den Glauben als heldenhafter Märtyrertod. Über die Frage, ob ein Selbstmordanschlag als (verbotener) Akt des Suizids gleichzeitig ein (zulässiger) Bestandteil eines religiösen Kampfes sein kann, gehen die Meinungen auseinander. Einige Geistliche, die die Hisbollah oder Hamas unterstützen, argumentieren, dass Selbstmordanschläge im Kampf gegen Israel nicht als Selbstmord anzusehen sind (sondern vielmehr als Akt der Selbstopferung und Selbstverteidigung) und darum erlaubt sind. Zudem wird die gesamte israelische Nation als militärischer Besatzer gesehen, wodurch das Töten von Bürgern legitimiert wird. Die Mehrheit der Geistlichen in der arabischen Welt verurteilt jedoch Selbstmordanschläge, egal, mit welchem Ziel sie verübt werden, und erst recht, wenn sie mit dem Tod unschuldiger Bürger einhergehen. So hat beispielsweise der Leiter der einflussreichen ägyptischen Al-Azhar-Moschee Selbstmordanschläge öffentlich als unislamisch bezeichnet.

Die islamistischen Terroristen werben im Nahen Osten Selbstmordattentäter und Kämpfer an. Besonders erfolgreich sind sie bei Jugendlichen in den von Israel besetzten Gebieten, die nichts anderes als Krieg und Hass kennengelernt haben.

©ROGER SCHMIDT   WWW.KARIKATUR-CARTOON.DE

Assassinen　Ein berühmtes Beispiel aus der islamischen Geschichte für eine Sekte, die auch Suizid als Waffe gebrauchte, sind die Nizari Ismaili, besser bekannt unter dem Namen „Assassinen", von dem sich das englische und französische Wort „assassin" (Meuchelmörder) ableitet. Die Assassinen trieben im Syrien des 11. und 12. Jahrhunderts ihr Unwesen und hatten es auf Kreuzfahrer abgesehen, aber auch auf islamische Herrscher, wie Sultane oder Emire. Sie verschonten lediglich Tempelritter und Hospitaliterritter. Ihre wichtigste Waffe war der Dolch. Nachdem sie ihre Opfer getötet hatten, ließen sie sich widerstandslos festnehmen oder töten. Die Assassinen lehnten den sunnitischen Islam ab und kämpften gegen die politischen, militärischen und religiösen Führer der damaligen Zeit. Ihr Terror richtete sich jedoch nicht wahllos gegen Bürger – Anschläge auf die Zivilbevölkerung sind eine relativ neue Waffe moderner Terroristen.

Märtyrer　Im Islam wie auch im Christentum hat das Märtyrertum, die Bereitschaft, für seinen Glauben zu sterben, eine lange und besondere Tradition. Der erste christliche Märtyrer war Stephanus, der für seinen Glauben gesteinigt wurde. Der Mord an Stephanus war der Auftakt zu einer großen Christenverfolgung in Jerusalem, an der Saulus (der spätere Apostel Paulus) eifrig mitgewirkt hat. Die ersten Jahrhunderte dieser Verfolgung haben das Leben vieler christlicher Märtyrer gefordert. In der islamischen Welt bildet das Märtyrertum besonders bei den Schiiten einen zentralen Punkt. So wird jedes Jahr im Iran des Märtyrertods von Hussein (einem Großneffen des Propheten Mohammed) gedacht. An diesem Tag gibt es Umzüge von Männern, die sich selbst bis aufs Blut geißeln, um sich auf diese Weise mit

Hussein und seinem tragischen Tod verbunden zu fühlen. Diese Umzüge gleichen einem Brauch auf den Philippinen, wo sich jedes Jahr ein paar überzeugte Katholiken ans Kreuz nageln lassen, um nachzufühlen, wie sehr Christus gelitten hat.

Schiitische Muslime geißeln sich während eines öffentlichen Umzugs, um an den Märtyrertod Husseins zu erinnern.

38 Wer wird im Krieg gegen Terrorismus eigentlich bekämpft?

Der so genannte „Krieg gegen den Terrorismus" ist eine internationale militärische Kampagne, die von den Vereinigten Staaten und einigen NATO-Ländern angeführt wird und sich gegen Al-Kaida und andere terroristische Organisationen richtet. Die Kampagne wurde als Reaktion auf die Terroranschläge des 11. September 2001 von der Regierung des damaligen amerikanischen Präsidenten

George W. Bush (Amtszeit 2001–2009) ins Leben gerufen. Gut einen Monat nach den Anschlägen fielen amerikanische Truppen in Afghanistan ein, dem Land, in dem Osama bin Laden und andere Anführer von Al-Kaida sich zu dieser Zeit aufhielten. Das strenge und islamistische Taliban-Regime wurde aus der Hauptstadt Kabul vertrieben. Die Spitze von Al-Kaida flüchtete in den Norden Pakistans und hält sich dort aller Wahrscheinlichkeit nach noch heute versteckt.

Der Krieg gegen den Terrorismus breitete sich später noch weiter aus, als amerikanische und britische Truppen im Irak (März 2003) einfielen, um das Regime von Saddam Hussein zu stürzen. Seit dem Sturz des Diktators sind im Irak bei Gefechten zwischen irakischen und westlichen Truppen sowie bei interethnischen und interreligiösen Kämpfen zwischen Sunniten, Schiiten und Kurden mehr als 100 000 Menschen (vor allem Zivilisten) ums Leben gekommen. Die genaue Anzahl der Opfer ist nicht bekannt, aber seriösen Schätzungen zufolge liegt die Zahl zwischen 100 000 und 600 000.

Das große Problem bei diesem Krieg gegen den Terrorismus liegt darin, dass keiner genau weiß, wer eigentlich der Gegner ist. Nur die Gruppierungen und Menschen, die Terroranschläge im und gegen den Westen verüben? Oder auch diejenigen Regierungen, die mit solchen Gruppen sympathisieren? Terrorismus ist eine (tödliche) Taktik – eine Kriegswaffe – einiger radikaler Gruppierungen. Selbstmordanschläge und Autobomben sind dabei nicht das Ziel oder die Ideologie dieser Gruppen, sondern lediglich Mittel zum Zweck. Es wird immer Menschen geben, die glauben, dass diese Taktik, diese „Waffe" eingesetzt werden darf – für die „gerechte Sache".

Konventionelle militärische Mittel, wie ein Land zu erobern und die Regierung zu stürzen, sind deshalb nicht immer der richtige Weg, um gegen solche Attentäter vorzugehen. Auf diese Weise verlagert sich das Problem bloß. Oder es wird sogar noch schlimmer: Der Militärschlag gegen den Irak hat nachweislich eine ganze Menge neuer Terroristen auf den Plan gerufen, sodass es zu immer neuen Anschlägen kam, insbesondere im Irak selbst. Der Gebrauch des Wortes „Krieg" im Kampf gegen den Terrorismus hat eindeutig falsche Assoziationen geweckt. Der weltweite „Krieg gegen den Terrorismus" führte nur dazu, dass verschiedene radikale Gruppen einander in die Arme getrieben wurden und sich verbündeten. Die Regierung von Barack Obama, die Anfang 2009 in den Vereinigten Staaten an die Macht kam, hat das

Viele Menschen unterstützten zunächst den „Krieg gegen den Terrorismus" unter dem Eindruck der verheerenden Attentate des 11. September 2001. Erst langsam setzte sich die Erkenntnis durch, dass dieser Krieg nicht mit konventionellen Mitteln zu gewinnen ist.

Politische Streitfälle

Konzept des „Kriegs gegen den Terrorismus" zu den Akten gelegt und sucht nun nach einer neuen Herangehensweise, um der weltweiten Bedrohung durch radikale Gruppen zu begegnen, die vor terroristischen Maßnahmen nicht zurückschrecken. Den Begriff „Krieg gegen den Terrorismus" nicht mehr zu verwenden, ist also mehr als eine sprachliche Feinheit.

Gefährlich

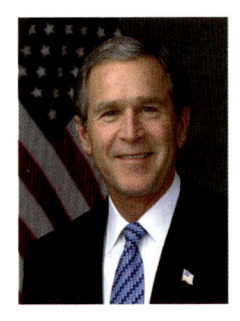

In Europa hört man oft Politiker, die behaupten, der Terrorismus sei nur ein Symptom des eigentlichen Problems: der Islam selbst. Diese Denkweise ist nicht nur ungerecht, sondern auch geradezu gefährlich. Eine solche Auffassung spielt radikalen Organisationen, wie Al Kaida, regelrecht in die Hände: Diese Leute hören nichts lieber, als dass der Krieg gegen den Terrorismus in Wirklichkeit ein Krieg gegen den Islam ist. Politiker, die solche Behauptungen aufstellen, sorgen dafür, dass sich Muslime und Nichtmuslime immer mehr voneinander entfremden und die Kluft zwischen der Welt des Islam und dem Westen immer größer wird. Aber der Islam ist nicht das Problem – genauso wenig wie das Christentum oder Judentum dafür verantwortlich ist, dass es christliche oder jüdische Extremisten und Terroristen gibt. Das einzige Problem besteht im Prozess der politischen Radikalisierung – einem Prozess, der zu militanten religiösen Äußerungen führt. Und um dieser politischen Radikalisierung entgegenzuwirken, kann der Islam selbst eine mächtige Waffe sein. Viele Muslime, die sich gegen Extremisten und Terroristen aussprechen, tun das aus religiösen Gründen. Ihre Meinung ist: „Terroranschläge sind gegen das Gesetz Gottes" und „sie widersprechen dem Willen Gottes". Im Gegensatz dazu führen diejenigen, die solcherlei Anschläge rechtfertigen, eher politischen Unmut als Motivation an, anstatt auf religiöse Beweggründe zu verweisen.

*Unter George W. Bush (*1946) starteten die USA den Krieg gegen den Terror.*

Effektiv?

Bewirkt der Terror eigentlich etwas? Wie effektiv sind (Selbstmord-)Anschläge? Wenn man in der Geschichte zurückblickt und die vergangenen 100 Jahre betrachtet, wird deutlich, dass Terroristen meistens nicht sonderlich viel Erfolg hatten. Erst wenige Male ist es in der Vergangenheit den Attentätern geglückt, ihre politischen Ziele durchzusetzen. So gab 1980 der Bombenanschlag auf die amerikanische Botschaft in Beirut ganz klar den Ausschlag dafür, dass die amerikanischen Truppen aus dem Libanon abgezogen wurden. In den meisten Fällen aber bleibt alles so, wie es war. Abgesehen von der Angst, die sich nach Terroranschlägen unter der Bevölkerung breitmacht, und den Opfern, die sie fordern, kann man sagen, dass Terroranschläge kaum eine nennenswerte politische Wirkung haben. Im Jahr 1914 allerdings hat ein Terroranschlag zum Ausbruch eines ganzen

Weltkriegs geführt; er war jedoch nur noch der letzte Tropfen, der das ohnehin volle Fass zum Überlaufen brachte. Heutzutage arbeiten Staaten besser und enger zusammen, um den internationalen Terrorismus zu bekämpfen. Die Anschläge in Madrid (2003) und London (2005) haben nicht nur Angst geweckt, sondern auch ein starkes Zusammengehörigkeitsgefühl innerhalb der Bevölkerung entstehen lassen.

Ein terroristisches Attentat auf das österreichische Thronfolgerehepaar löste 1914 den Ersten Weltkrieg aus.

Politische Streitfälle

39 Warum wird der EU-Beitritt der Türkei abgelehnt?

Die Türkei will seit 1987 Mitglied der Europäischen Union (EU) werden. Anfangs scheiterte dieser Wunsch der Türkei an einem Veto Griechenlands, das seit der türkischen Besetzung Nordzyperns (die meisten Einwohner Zyperns sind Griechen und fühlen sich trotz der Unabhängigkeit des Landes sehr stark mit dem griechischen Staat verbunden) 1974 gespannte Beziehungen zur Türkei hat. Auf Grund der friedlichen Annäherung beider Teile Zyperns hat Griechenland seinen Widerspruch jedoch im Jahr 1999 zurückgezogen. Seitdem hat die Türkei den Status eines Mitgliedschaftsanwärters der EU. Die Türkei liegt nur zu knapp 13 Prozent in Europa (Anatolien gehört offiziell zu Asien), aber das sollte dem Beitritt der Türkei zur EU eigentlich nicht im Wege stehen, denn seit 2004 gehört auch Zypern, das geografisch gesehen ebenfalls in Asien liegt, dazu. Auch aus historischer Sicht kann man behaupten, dass die Türkei eher zu Europa gehört als zum Mittleren Osten. Die ersten türkischen Stämme kamen zwischen 400 und 800 n. Chr. nicht aus dem Mittleren Osten, sondern durch die eurasische Steppe aus Zentralasien nach Anatolien und Europa.

Trotzdem ist der mögliche Beitritt der Türkei zur EU sehr umstritten. Es gibt zwei unterschiedliche Gruppen, die gegen einen Beitritt argumentieren: Die einen meinen, dass die Türkei erst bestimmte Voraussetzungen erfüllen muss, bevor sie in die EU aufgenommen wird. Die anderen finden, dass die Türkei überhaupt nicht der EU beitreten darf. Die Bedingungen, die an die Türkei gestellt werden, betreffen eine ganze Menge von sensiblen und komplizierten politischen Fragen, wie zum Beispiel die

Stellung der kurdischen Minderheit in der Türkei, den Umgang mit dem Genozid (= Völkermord) an den Armeniern (1915) und das heutige Verhältnis zur armenischen Minderheit, die Zypernfrage (die Türkei erkennt die zypriotische Republik nicht an) und das Verhältnis zu ihrem Nachbarland Griechenland. Zudem fordern sie, dass die Türkei ihr Recht an das der europäischen Union anpassen und wirtschaftlich bestimmte Mindeststandards erfüllen muss. Diejenigen, die komplett gegen einen Beitritt der Türkei zur EU sind, argumentieren, dass die Türkei kein westliches Land sei, zu wenig die Menschenrechte von Minderheiten wahre und dass die islamische Kultur der Türkei nicht in die EU passe. Dieses letzte Argument kann jedoch genauso gut umgekehrt betrachtet werden: Der Beitritt der Türkei zur EU könnte nämlich genauso gut als Signal gewertet werden, dass die EU kein abgeschottetes Bollwerk ist, in dem nur christliche Werte zugelassen sind. Zudem könnte die Türkei als EU-Mitglied eine wichtige Brücke zu den muslimischen Ländern des Mittleren Ostens bilden. Einige Politiker, wie z.B. Bundeskanzlerin Angela Merkel, schlagen einen Kompromiss vor, der vorsieht, der Türkei eine „privilegierte Partnerschaft" anzubieten: Sie soll einige (vor allem wirtschaftliche) Vorteile der EU genießen, aber kein vollwertiges Mitglied werden.

Da einige EU-Länder sich ausgesprochen vehement gegen den Beitritt der Türkei ausgesprochen haben, wird sich die Angelegenheit wohl noch eine ganze Weile hinziehen. Aber auch in der Türkei selbst gibt es Gruppen und Parteien, die der Meinung sind, dass die Türkei sich nicht an die EU anpassen sollte, sondern eine Pantürkische Union (eine Union von Ländern, in denen Türkisch oder eine mit dem Türkischen verwandte Sprache gesprochen wird) anstreben soll.

Fragen 40 bis 47

Muslime in Deutschland und Europa

40. Wie viele Muslime wohnen in Deutschland?
41. Sind Muslime in Deutschland sehr religiös?
42. Werden Muslime in Deutschland und Europa diskriminiert?
43. Warum haben Viele Angst vor der Verbreitung des Islam?
44. Gibt es viel Islamophobie in Europa?
45. Wird der Islam die größte Religion Europas sein?
46. Sind Muslime in Bezug auf ihre Religion humorlos?
47. Gilt die Scharia auch für Muslime in Deutschland?

40 Wie viele Muslime wohnen in Deutschland?

Nach Angaben des Bundesamtes für Migration und Flüchtlinge (2009) wohnen in Deutschland zwischen 3,8 und 4,3 Millionen Muslime (4,6 Prozent bis 5,2 Prozent der Gesamtbevölkerung). Diese Zahlen basieren jedoch nur auf Schätzungen im Rahmen einer Studie über Migranten in Deutschland. Eine exakte Benennung der Zahl von Muslimen in Deutschland ist nicht möglich, da die islamische Religionszugehörigkeit im Gegensatz zur christlichen nicht zentral erfasst wird. Noch vor fünf Jahren (2005) wurde die Anzahl der Muslime deutlich niedriger geschätzt: auf zwischen 3,1 und 3,4 Millionen. Die Mehrheit der Muslime in Deutschland ist männlich (53 Prozent); das liegt daran, dass in den vergangenen Jahrzehnten mehr männliche als weibliche Migranten nach Deutschland gekommen sind. Weniger als die Hälfte (45 Prozent) haben die deutsche Staatsangehörigkeit, die meisten (55 Prozent) besitzen einen ausländischen Pass. Fast zwei Drittel (63 Prozent) aller Muslime in Deutschland sind türkischstämmig; einer von sieben kommt aus Südosteuropa (Bosnien, Bulgarien, Albanien) und etwa acht Prozent aus dem Mittleren Osten. Die überragende Mehrheit der Muslime lebt in den alten Bundesländern, in den neuen sind es nicht einmal zwei Prozent. Einer von drei Muslimen lebt in Nordrhein-Westfalen (NRW). Drei Viertel aller in Deutschland lebenden Muslime sind Sunniten, 13 Prozent Aleviten und sieben Prozent Schiiten (zu den unterschiedlichen Strömungen des Islam siehe Fragen 5 und 6). Andere kleine Gruppen gehören zu den Ahmadiyya, Ibaditen und Sufis (zusammen ungefähr sechs Prozent). Die Untersuchung des Bundesamts für Migration und

Flüchtlinge hat außerdem ergeben, dass die große Mehrheit der Befragten sich als „religiös" oder „sehr religiös" bezeichnet (mehr dazu siehe Frage 41), sich aber nicht ausreichend durch eine der Muslimorganisationen in Deutschland vertreten fühlt. Kaum 20 Prozent aller Muslime gehören einer Gemeinde oder religiösen Vereinigung an. Mehr als die Hälfte dagegen ist Mitglied einer (nicht religiösen) deutschen Vereinigung (Gewerkschaft, Berufsverband, Sportverein usw.).

Was bei dieser Studie auffiel, ist, dass sehr viele der Befragten – hauptsächlich diejenigen, die als Flüchtlinge aus bestimmten muslimischen Ländern kamen – angaben, sich nicht mit dem Islam zu identifizieren oder einer anderen Religion anzugehören. So erklärten vierzig Pro-

*Wie die Autorin, Schauspielerin und ehemalige Miss Germany Asli Bayram (*1981) sind fast zwei Drittel der in Deutschland lebenden Muslime türkischer Herkunft.*

zent der Iraner in Deutschland, sich nicht als Muslime zu fühlen (im Iran sind 98 Prozent der Bevölkerung muslimisch). Ein Viertel der in Deutschland lebenden Iraker gab an, einer anderen Religion als dem Islam anzugehören. Zum Teil handelt es sich hierbei sicherlich um aus dem Irak geflüchtete Christen (siehe Frage 21).

Ahmadiyya

Unter allen kleinen muslimischen Gemeinschaften in Deutschland bilden die Ahmadiyya die größte. Die meisten von ihnen haben pakistanische Wurzeln. In der Bundesrepublik leben etwa 70 000 Angehörige der Ahmadiyya-Bewegung. Der Gründer und Namensgeber dieser Gemeinschaft, Mirza Ghulam Ahmad, war ein indischer Prediger und religiöser Reformator. Die Ahmadiyya verehren ihn als Propheten und Messias. Bei seinem Tod im Jahr 1908 führte er für seine Anhängerschaft das Kalifat wieder ein. Wenn ein Kalif stirbt, wird ein Nachfolger gewählt. Viele andere Muslime sehen Ahmadiyyas als Ungläubige; in Pakistan werden sie sogar verfolgt.

1889 gründete Mirza Ghulam Ahmad (1835–1908) die Ahmadiyya-Bewegung.

Muslimische Organisationen in Deutschland

In Deutschland gibt es viele lokale, regionale und nationale muslimische Organisationen. Die DITIB (Türkisch-Islamische Union der Anstalt für Religion) ist die größte und bekannteste Organisation für türkische Sunniten. Eigentlich wird die DITIB aber vom Diyanet geleitet, dem Amt für religiöse Angelegenheiten in der Türkei (siehe auch Frage 28). Weitere Verbände sind der VIKZ (Verein der Islamischen Kulturzentren) und seit 2010 den LIB (Liberal-Islamischer Bund). Eine weitere bekannte Organisation ist der Islamrat für die Bundesrepublik Deutschland, zu der auch Milli Görüs gehört, eine international operierende Bewegung, die eng mit konservativ-religiösen Strömungen in der Türkei verbunden ist und in Deutschland wegen „islamistischer Tendenzen" in die Kritik geraten ist und deshalb vom Verfassungsschutz überwacht wird. Der kleinere Zentralrat der Muslime in Deutschland (ZMD) vertritt vor allem nicht türkische Muslime. Trotz der großen Zahl islamischer Einrichtungen fühlt sich ein Großteil der in Deutschland lebenden Muslime allerdings bei keiner von ihnen wirklich zu Hause, was u.a. daran liegt, dass die muslimische Gemeinschaft in Deutschland eine bunte Mischung aus Muslimen ganz unterschiedlicher Herkunftsänder ist.

41 Sind Muslime in Deutschland sehr religiös?

Muslime in Deutschland bezeichnen sich selbst als religiös, sind aber nicht viel religiöser als andere Gruppen. Bei einer Untersuchung des Bundesamts für Migration und Flüchtlinge (siehe auch Frage 40) bezeichnen sich 50 Prozent der befragten Muslime als „ziemlich religiös". Ein bisschen mehr als ein Drittel (36 Prozent) sieht sich als „sehr religiös", während der Rest sich als wenig oder nicht religiös betrachtet. Frauen sind in allen befragten Gruppen religiöser als Männer. Weniger als die Hälfte (43 Prozent) der Muslime in Deutschland geht mindestens einmal im Monat zum Gottesdienst in die Moschee, Frauen jedoch wesentlich seltener als Männer (nur 26 Prozent). Gläubige Muslime, die aus afrikanischen Ländern stammen, beten öfter und gehen häufiger in die Moschee als türkische Muslime in Deutschland. Muslime aus Südosteuropa beten im Vergleich zu anderen Gruppen relativ selten. Am wenigsten religiös sind die schiitischen Muslime aus dem Iran: Mehr als die Hälfte der Befragten bezeichnete sich selbst als nicht oder kaum religiös.

In vielen muslimischen Ländern tragen Frauen aus religiösen Gründen ein Kopftuch oder einen Schleier (siehe Frage 31), in Deutschland allerdings tragen vergleichsweise wenige Muslimas Kopftücher. Mehr als sieben von zehn Frauen (72 Prozent) geben an, nie eines zu tragen. Muslimas, die in Deutschland geboren sind, tragen außerdem noch seltener ein Kopftuch als ihre Mütter. In Deutschland gibt es ungefähr 2 000 Moscheen und ebenso viele Imame, die freitags das Gebet anleiten. An einem durchschnittlichen Freitag finden sich in jeder Moschee 150 bis 250 Gläubige zum Gebet ein (es sei denn, der

Freitag fällt auf einen Feiertag oder in die Schulferien – dann liegt die Besucherzahl höher). Imame von Moscheen, die dem DITIB angehören, unterstehen offiziell der türkischen Regierung; sie wechseln oft nach vier Jahren (genau wie Diplomaten).

Um die Muslime in Deutschland besser zu integrieren, gibt es Pläne, auch an deutschen Universitäten oder Hochschulen Ausbildungsmöglichkeiten für Imame anzubieten (in den Niederlanden und in Frankreich gibt es solche Studiengänge schon): Ab 2011 können Studenten an den Universitäten von Münster, Osnabrück und Frankfurt das Fach Islamwissenschaften studieren und sich zu Religionslehrern und Imamen ausbilden lassen. In einigen Bundesländern können junge Muslime in der Schule zusätzlichen Religionsunterricht bekommen. In NRW zum Beispiel, dem Bundesland mit dem größten muslimischen Bevölkerungsanteil, wird für Kinder unter zehn

Die Fatih-Moschee in Essen.

Jahren Islamunterricht in deutscher Sprache angeboten. Im Jahr 1999 wurde dieser Unterricht als Experiment eingeführt, etwa zehn Jahre später gibt es ihn nun an ungefähr 130 Schulen.

Ein Problem vieler muslimischer Organisationen ist, dass in keinem einzigen Bundesland die Muslimverbände vor dem Gesetz als religiöse Gemeinschaft anerkannt werden, da sie immer nur einen kleinen Ausschnitt der muslimischen Bevölkerung repräsentieren. Muslime zahlen also keine Kirchensteuer – die den Moscheen zu Gute kommen würde (siehe auch Frage 3).

Diese englische Lehrerin dürfte in Deutschland nicht vor der Klasse stehen.

Politik und Kopftuch

Die einzelnen Bundesländer haben in Deutschland das Recht, Gesetze zu erlassen, die es weiblichen Beamten und Lehrkräften in öffentlichen Schulen verbieten, während der Arbeitszeit ein Kopftuch zu tragen. Der Staat – und damit auch jede Lehrkraft an einer öffentlichen Schule – muss Neutralität ausstrahlen. Symbole, wie Kleidungsstücke, die eine religiöse oder politische Bedeutung tragen, können daher verboten werden. In Berlin und Hessen gilt das Kopftuchverbot vor allem für Beamte, in Baden-Württemberg, Bayern, Bremen, Niedersachsen, NRW und dem Saarland gilt es nur für Lehrerinnen an Schulen. Andererseits tragen Nonnen und Mönche, die an staatlich anerkannten Schulen mit religiöser Leitung unterrichten, durchaus ihren Habit (= Ordensgewand). Schüler dürfen Kleidung tragen, die ihnen ihre Religion vorschreibt und die diese ausdrücken, allerdings gilt das nicht unbedingt für Burkas. In anderen europäischen Ländern, wie zum Beispiel Frankreich, dürfen Schüler an öffentlichen Schulen keine religiöse Kleidung tragen.

Gemischte Ehen in Deutschland

80 Prozent der Muslime in Deutschland, die verheiratet sind oder in einer Beziehung leben, haben einen Partner, der auch Muslim ist. Bei Christen liegt dieser Prozentsatz etwas niedriger: 73 Prozent der christlichen Deutschen haben auch einen christlichen Partner. Etwas mehr als die Hälfte (56 Prozent) der Aleviten in Deutschland haben einen Partner, der ebenfalls Alevit ist, ein Viertel haben Partner, die einer anderen Strömung des Islam angehören. Ungefähr zwei Drittel der ledigen Muslime in Deutschland schließen eine Ehe oder Beziehung mit einem andersgläubigen Partner nicht aus.

42 Werden Muslime in Deutschland und Europa diskriminiert?

Diskriminierung bedeutet die Herabsetzung oder Benachteiligung von Gruppen oder Individuen auf Grund von Merkmalen, die eigentlich keine Rolle spielen sollten. Die betreffenden Menschen werden zu Unrecht anders behandelt. Es gibt eine ganze Menge Gründe, aus denen Menschen immer wieder diskriminiert werden: Nationalität, Hautfarbe, sexuelle Orientierung, Alter, Geschlecht und Religion. Diskriminierung kann in Form von (zum Beispiel rassistischen) Beschimpfungen bis hin zu ungerechter Behandlung auftreten – wie zum Beispiel, wenn man einen Arbeits- oder Ausbildungsplatz nicht bekommt. Es kann vorkommen, dass man auf Grund seines Äußeren oder seiner Hautfarbe nicht in eine Disko gelassen wird, seiner ethnischen Abstammung wegen beschimpft oder in Folge seiner sexuellen Orientierung zusammengeschlagen wird. Auch wenn es das Grundrecht eines jeden Menschen ist, nicht diskriminiert zu werden, kommt es sehr häufig trotzdem vor. Dies zeigt eine Untersuchung der Agentur der Europäischen Union für Grundrechte (eine EU-Einrichtung mit Hauptsitz in Wien). Die Agentur hat festgestellt, dass einer von drei Muslimen in der EU jährlich von irgendeiner Form der Diskriminierung betroffen ist (Zahl aus dem Jahr 2009). Männliche Muslime (34 Prozent) werden häufiger diskriminiert als weibliche (26 Prozent) und jüngere öfter als ältere. Von allen Minderheiten in westeuropäischen Ländern werden vor allem Nordafrikaner Opfer von Diskriminierung. (Am Rande: In osteuropäischen Ländern wird die Roma-Minderheit am

Eröffnung der ersten Deutschen Islamkonferenz 2006 vom damaligen Innenminister Wolfgang Schäuble (*1942). In dieser Runde, die aus Vertretern der Politik und verschiedener muslimischer Verbände sowie besonderen Experten auf dem Gebiet der Integration von Muslimen in Deutschland besteht, wird über Maßnahmen für ein verbessertes Zusammenleben von Muslimen und Christen bzw. anderen Religionsgruppen diskutiert.

stärksten diskriminiert.) Die Mehrheit der Muslime in Europa, die Opfer von Diskriminierung werden, glaubt übrigens nicht, dass der Grund dafür ihre Religion ist, sondern eher ihr Äußeres oder ihre Nationalität. Das Tragen von religiöser Kleidung – wie zum Beispiel eines Kopftuchs – hat nur wenig oder gar keinen Einfluss auf Erfahrungen mit Diskriminierung. In Deutschland fühlt sich mehr als ein Viertel aller Türken (28 Prozent) bei der Arbeitssuche benachteiligt. Auch in der Schule kann es zu solchen Fällen von Ausgrenzung kommen: Einer von zehn türkischen Schülern an deutschen Schulen gibt an, schon einmal Erfahrungen mit Diskriminierung gemacht zu haben.

Keine Anzeige 79 Prozent aller Muslime in Europa, die diskriminiert werden, wenden sich nicht an die Polizei (oder eine andere staatliche Instanz), um Anzeige zu erstatten. Dadurch bleiben sehr viele solcher Vorfälle einfach unentdeckt. Die Mehrheit der Muslime, die schon einmal diskriminiert wurden, aber keine Anzeige erstattet haben, meint, dass eine Anzeige nichts daran ändern würde. Einer von drei befragten Muslimen gibt zu: „Das passiert andauernd". Darum habe es einfach keinen Zweck, solche Vorfälle überhaupt zu melden.

43 Warum haben viele Angst vor der Verbreitung des Islam?

Eine Studie der Universität Bielefeld (2009) hat ergeben, dass viele Menschen in westeuropäischen Ländern Angst vor den Muslimen und der sichtlichen Zunahme des Islam in ihrem Umfeld haben. So gaben 44 Prozent aller Befragten aus acht EU-Ländern an, dass zu viele Muslime in ihrem Land leben. Warum empfinden die Menschen das so? Warum haben so viele Menschen offensichtlich Angst vor „dem Islam" und/oder Migranten aus muslimischen Ländern? Diese Frage ist schwer zu beantworten, und es gibt viele ganz unterschiedliche Meinungen dazu. Ist diese Angst vor dem Islam die eigentliche Angst der Menschen, oder fürchten sie sich in Wahrheit vor etwas ganz anderem? Wird diese Angst durch die negative Darstellung in den Medien geschürt oder von wütenden Politikern, die zu Hass aufrufen? Beides spielt dabei sicherlich eine große Rolle – viele Nichtmuslime kennen die Angehörigen des Islam schließlich nur aus den Medien –, aber es gibt noch weitere Faktoren. Eine ablehnende Haltung gegenüber dem Islam kann aus Vorurteilen entstehen, aber auch konkrete Unterschiede in Auffassungen und Lebensweisen widerspiegeln. Ein anderer Grund ist sicherlich der, dass die Wahrnehmung des Islam sich mit der Wahrnehmung von Migranten und Migration vermischt. Oft wird kein Unterschied zwischen kulturellen Gepflogenheiten aus den jeweiligen Herkunftsländern und dem Islam gemacht – von den Migranten selbst übrigens auch nicht. Traditionelle Auffassungen und Gewohnheiten, zum Beispiel über die Rolle von Mann und Frau, aber auch über Regeln rund ums Heiraten und die Kindererziehung, werden oft wie selbstverständlich dem Islam zugeschrieben. Dabei basieren solche Dinge viel mehr auf sozialkulturellen Unterschieden als auf religiösen. Migration kann als Emanzipationsprozess gesehen werden. In Westeuropa und auch in Deutschland sind schon deutliche Unterschiede zwischen der ersten und zweiten und mittlerweile auch der dritten Generation von Migranten zu erkennen, aber die Verwirrung bleibt trotzdem groß. Sicherlich spielt bei der Angst vor dem Islam auch eine Art von Schubladendenken eine Rolle: Unterschiedliche Ansichten und Auffassungen innerhalb einer sozialen Gruppe werden den Individuen nicht zugestanden; „die Muslime" werden auf eine einzige Karikatur ihres Wesens reduziert, als wären sie eine in sich völlig ho-

Die Bürgerbewegung „Pro Köln" protestiert gegen den Bau einer Moschee.

mogene konservativ-religiöse Gruppe. Umgekehrt gilt allerdings meist dasselbe: Auch in Gruppen mit Migrationshintergrund herrscht oft nur ein eindimensionales Bild „der Deutschen" vor. Ein letzter Faktor, der im Hinblick auf die Angst vor „dem Islam" sicher nicht ganz unwichtig ist, kann unter dem Begriff Globalisierung gefasst werden. Tagtäglich wird alles, was am anderen Ende der Welt passiert, über Internet und Fernsehen verbreitet und endlos wiederholt – wodurch der Schatten des Nahost-Konfliktes und des Afghanistan-Einsatzes auch Einzug in europäische Wohnzimmer hält. Das hat gleich zwei unmittelbare Folgen: Erstens, die Radikalisierung kleiner Muslimgruppen auch in westlichen Ländern nimmt zu und zweitens, die Vorstellung, dass es zwischen dem Westen und dem Islam einen „Clash of civilizations" gibt, bei dem zwei unvereinbare Kulturen aufeinanderprallen, wird verstärkt. Beide Folgen gehören nicht zur gleichen Größenordnung, aber sie bedingen und verstärken einander.

Angst (1) „Wir dürfen nicht die Religion benutzen, um den anderen einzuschätzen oder zu übertrumpfen. Berlusconi [der italienische Ministerpräsident] sagte vor einiger Zeit: ‚Wir sind dem Islam überlegen'. Wenn das wirklich so wäre, könnten wir uns ja ganz entspannt zurücklehnen. Aber das tun wir nicht. Wir schimpfen über Muslime, die kein Bier trinken, und wenn sie es dann doch tun, beschweren wir uns auch. Wie sie's machen, machen sie's verkehrt. Wir haben Angst vor dem Islam, aber gleichzeitig zelebrieren wir diese Angst regelrecht." (Maurits Berger, niederländischer Islamwissenschaftler)

Angst (2) „Auf dem Gebiet der Migration gibt es sicherlich noch eine Menge Probleme, die nach einer Lösung verlangen. Der Knackpunkt ist, dass diese Lösung sich nicht finden lässt, solange die Probleme einseitig ‚dem Islam' als Feindbild zugeschoben werden. Das sollte ein Grund sein, uns weiterhin mit dem Islam zu beschäftigen, nicht, um die reellen Probleme zu umschiffen, sondern um sie auf ihre reellen Ursachen zurückzuführen, in ihrem reellen Zusammenhang. Um die wirklichen Fragen mit realistischem Blick betrachten zu können, muss man das stereotype Feindbild als Teil des Problems sehen und nicht als Teil der Lösung." (Anja Meulenbelt, niederländische Politikerin und Schriftstellerin)

44 Gibt es viel Islamophobie in Europa?

Wörtlich übersetzt bedeutet Islamophobie die „Angst vor dem Islam". In der Praxis wird der Begriff aber meist etwas weiter gefasst und beschreibt eine ganze Reihe von feindlichen Haltungen und das daraus resultierende Verhalten gegenüber Muslimen: Dies reicht von Unverständnis bis hin zu Gewalt und von Angst bis hin zu Hass. Der Begriff Islamophobie birgt aber durchaus Probleme. Denn nicht jede Kritik an Muslimen oder der islamischen Welt ist auf Angst oder Abneigung zurückzuführen. Und wer kann schon sagen, ob es Islamophobie ist, die hinter Feindlichkeit gegenüber Muslimen steckt? Manche Nichtmuslime haben eine starke Abneigung gegen Muslime. Wenn solche Leute Opfer eines Verbrechens werden, schieben sie gern alles auf die vielen „Ausländer" in der Gegend. Umgekehrt bedeutet aber der bloße Umstand, dass ein Muslim unfreundlich behandelt oder Opfer eines Verbrechens wurde, auch nicht, dass der Täter automatisch islamophob ist.

In Berichten, die man auf der Seite der Agentur für Grundrechte der Europäischen Union findet, wird trotzdem versucht, den Begriff Islamophobie etwas genauer zu definieren. Islamophobie liegt dann vor, wenn der Islam als ein monolithisch geschlossener Block (nicht offen gegenüber Veränderungen) gesehen wird, als fundamental „anders" und dem Westen unterlegen, als gewalttätig und als Ideologie, die für politische und militärische Zwecke gebraucht wird. Islamophobiker sehen in Feindseligkeiten und Diskriminierung gegenüber Muslimen nichts Negatives.

Gibt es denn in Europa im Allgemeinen und in Deutschland im Speziellen viel Islamophobie? Auf diese Frage lässt sich nur schwer eine allgemein gültige und klare

Am Tag der offenen Moschee, der seit 1997 immer am 3. Oktober stattfindet, können alle Interessierten Moscheen in ihrer Nähe besuchen. Häufig finden dort besondere Veranstaltungen statt, in denen die Muslime ihren Glauben vorstellen, ihre Moschee in einer Führung erklären, ein gemeinsames Essen anbieten usw.

Antwort finden. Bei der in Frage 43 erwähnten Studie, die im Jahr 2009 von der Universität Bielefeld veröffentlicht wurde, fällt auf, dass weniger als einer von sechs Befragten (16,6 Prozent) den Satz „Die muslimische Kultur passt gut nach Deutschland" mit Ja beantwortet. Zum Vergleich: In Frankreich antwortete die Hälfte der Befragten mit Ja und in den Niederlanden und Großbritannien durchschnittlich einer von drei. In allen acht Ländern, in denen diese Studie durchgeführt wurde, ist etwa die Hälfte der Befragten der Meinung, dass der Islam eine intolerante Religion ist (in Deutschland 52,5 Prozent) und dass Muslime in ihrem Land zu viele Ansprüche stellen. Ein auffallendes Ergebnis dieser Studie ist auch, dass eine negative Haltung gegenüber dem Islam nichts damit zu tun hat, ob in der eigenen Gesellschaft besonders viele Muslime leben. In Polen oder Ungarn beispielsweise sind weniger als 1 Prozent der Bevölkerung Muslime, und doch findet ein großer Teil der Einwohner, dass in ihrem

Land zu viele leben (Polen 47 Prozent, Ungarn 60 Prozent). Abschließend ergibt sich aus der genannten Studie noch die Erkenntnis, dass viele Menschen, die eine negative Einstellung gegenüber dem Islam haben, ebenso negativ zu anderen Gruppen stehen (Juden, Homosexuellen usw.). Wie viel Wert man solchen Studien zu Vorurteilen auch schenken mag, sie liefern auf jeden Fall Zahlen, die zum Nachdenken anregen.

Karikatur „Wenn die Welt gezwungen ist, ein neues Wort zu erfinden, um rasant zunehmende Intoleranz zu benennen, ist das eine traurige und beunruhigende Entwicklung. Genau das ist der Fall bei dem Wort ‚Islamophobie'. (…) Seit den Anschlägen des 11. September 2001 in den Vereinigten Staaten sehen sich viele Muslime, vor allem im Westen, Argwohn, Einschüchterung und Diskriminierung ausgesetzt. (…) Zu viele Menschen sehen den Islam als einen Block, der in Opposition zum Westen steht. (…) Diese Karikatur des Islam ist noch immer weit verbreitet, und die Unwissenheit ist enorm." (Kofi Annan, ehemaliger Generalsekretär der Vereinten Nationen im Jahr 2004 bei der UN-Konferenz „Confronting Islamophobia: Education for Tolerance and Understanding")

45 Wird der Islam die größte Religion Europas sein?

In den letzten paar Jahrzehnten hat sich Europa deutlich verändert. Die Cafés in Paris sind Teehäusern gewichen, in denen kein Alkohol ausgeschenkt werden darf, die Straßenschilder in Berlin sind auf Türkisch und in den Coffeeshops in Amsterdam wird nur noch Wasserpfeife geraucht. Kopftücher und Minarette bestimmen das Straßenbild von Malmö bis Madrid.

Das ist das Bild, das die Menschen vor Augen haben, die schreiben, dass sich der Islam in absehbarer Zeit zur größten Religion Europas entwickeln wird. Aus Europa würde innerhalb von ein oder zwei Generationen Eurabien werden – ein islamisiertes Europa, Vasall der arabischen Welt. Der Islam wurde in den Jahren 732 bei Poitiers und 1683 bei Wien „zurückgedrängt" (siehe Frage 12), jetzt aber ist durch die Arbeitermigration eine dritte und sehr viel mächtigere, „schleichende" Invasion im Gange. Was sind die Argumente der Autoren, die solche Dinge schreiben? Sie verweisen auf ein paar große westeuropäische Städte, in denen die Migranten in einigen Stadtteilen in der Mehrheit sind. Sie behaupten, dass die (ursprüngliche) Bevölkerung Europas schrumpft und veraltet, dass muslimische Familien in Europa im Durchschnitt viel mehr Kinder bekommen als nicht muslimische Familien und dass noch immer jedes Jahr eine ganze Menge mehr Migranten aus muslimischen Ländern nach Europa „strömen" – auf legalem und illegalem Wege. Außerdem ist das Christentum in Europa auf dem Rückzug. Die Kirchen sind in den vergangenen Jahren immer leerer geworden, und die europäische Gesellschaft ist säkularisiert (= verweltlicht). Stimmen denn diese Argumente?

Selbst wenn man von der Tatsache absieht, dass in europäischen Ländern die Geburtenzahlen keineswegs nach Religionen getrennt festgehalten werden, fallen ein paar Probleme ins Auge. Die Zahl der Muslime in der EU beläuft sich im Moment auf 16 bis 18 Millionen; das sind weniger als vier Prozent der gesamten EU-Bevölkerung. Es ist noch nicht einmal realistisch, dass diese Zahl in ein paar Generationen auf zehn Prozent ansteigt (einige Großstädte bilden hier allerdings eine Ausnahme). Selbst wenn die Türkei Mitglied der EU wird, würde der Anteil an Muslimen in der EU gerade mal auf 15 Prozent ansteigen. Demografische Studien haben ergeben, dass die Geburtenrate der Migranten in zweiter Generation kaum höher ist als die der ursprünglichen Bevölkerung. In Deutschland hatten muslimische Familien im Jahr 1970 noch durchschnittlich 4,4 Kinder, heute sind es gerade mal noch 1,9 (und die Geburtenrate damit nur um einen Bruchteil höher als die „deutscher" Familien).

Thilo Sarrazin (*1945) bei der Präsentation seines Buches „Deutschland schafft sich ab" im August 2010. Sarrazin fiel durch Thesen auf wie: Durch die unkontrollierte Zuwanderung wenig gebildeter Ausländer sinke das deutsche Intelligenzniveau, muslimische Migranten kümmerten sich zu wenig um Arbeit und bildeten Parallelgesellschaften, islamische Zuwanderung sei geprägt von Frauenfeindlichkeit, Integrationsunwillen und Beanspruchung des deutschen Sozialsystems usw. Ähnliche Thesen vertritt er in seinem Buch, wobei er jedoch eingestehen musste, dass er seine Behauptungen zum größten Teil nicht durch wissenschaftliche Studien belegen kann. Die meisten Politiker sowie Integrationsforscher, Wissenschaftler aber auch viele Menschen, die sich an der Diskussion über das Buch in Zeitungen, Fernsehen, Schule usw. beteiligen, distanzierten sich von seinen Thesen. Trotzdem stand das Buch wochenlang auf Platz 1 der Bestsellerlisten.

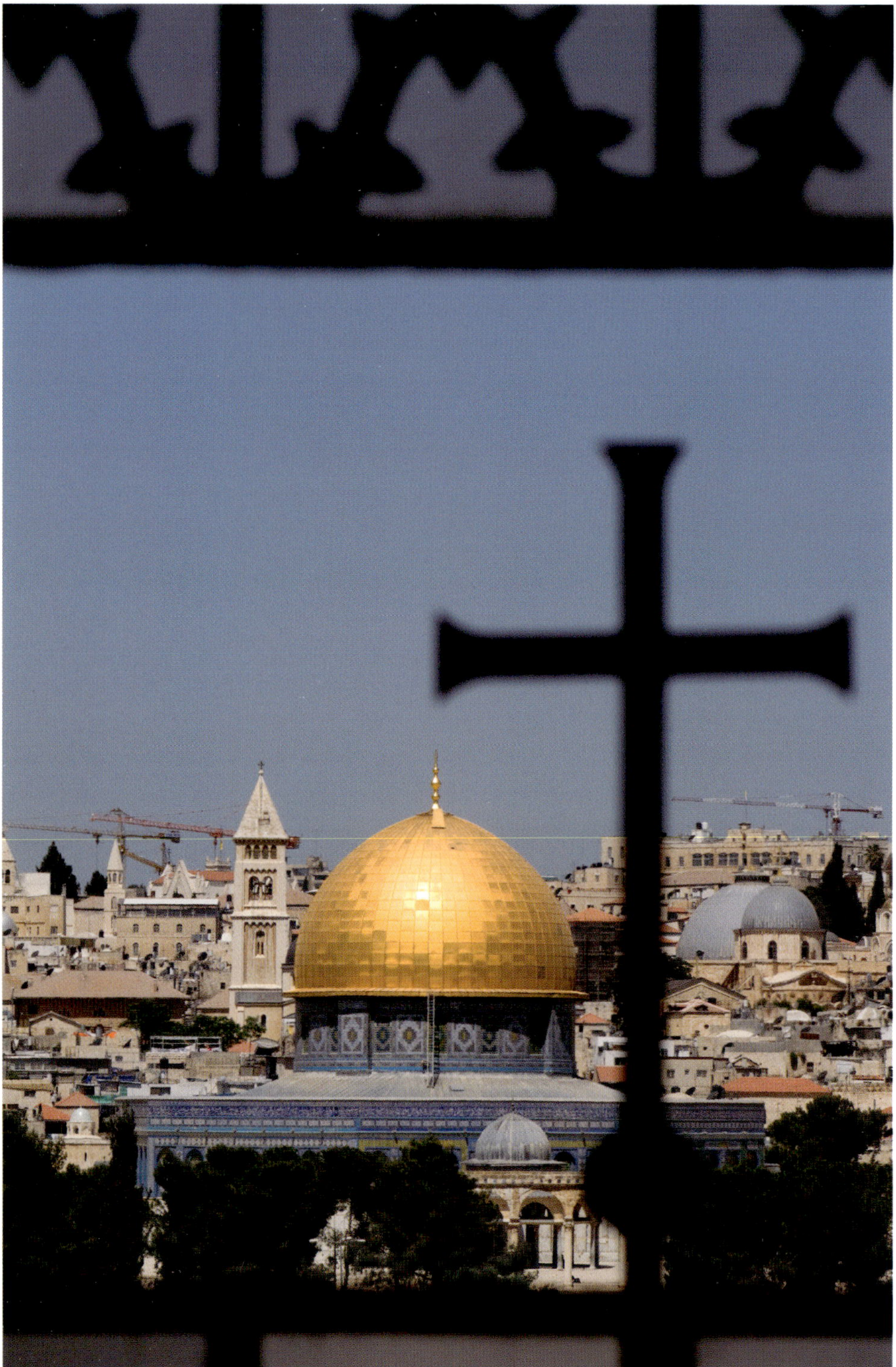

linke Seite:
Wird der Islam das Christentum in Europa ersetzen, so wie er im Nahen Osten andere Religionen verdrängt hat?

Viel wichtiger als diese Zahlen sind allerdings die falschen Annahmen, die dem Ganzen zu Grunde liegen: Leute, die sagen, dass der Islam bald die größte Religion Europas sein wird, gehen davon aus, dass alle Muslime gleich sind, gleich fühlen, gleich denken und gleich handeln. Sie übersehen die Tatsache, dass sich „der Islam" in Europa stark verändert. Sie übersehen den Prozess der Säkularisierung unter muslimischen Migranten. Sie übersehen die Tatsache, dass die Gruppen von Migranten sich untereinander sehr stark unterscheiden. Ein Türke oder Deutschtürke aus Nordrhein-Westfalen und ein nordafrikanischer Franzose aus Elsass-Lothringen sind (oft) beide Muslime, haben aber, was Sprache und Kultur angeht, kaum etwas gemeinsam. Wahrscheinlich können sie sich nicht einmal miteinander verständigen und orientieren sich viel mehr an Deutschland bzw. Frankreich als aneinander.

46 Sind Muslime in Bezug auf ihre Religion humorlos?

Eine dänische Tageszeitung veröffentlichte im Jahr 2005 zwölf politische Karikaturen über den Propheten Mohammed und den Islam. Die Cartoonserie sorgte für viel öffentliche Empörung, zuerst unter den Muslimen in Dänemark und Westeuropa, bis schließlich weltweit ein wahrer Tumult losbrach, besonders in den arabischen Ländern. Dort mussten die dänischen Botschafter dafür büßen, und in den Supermärkten wurden dänische Produkte boykottiert. Da stellt sich die Frage, ob Muslime keine Kritik oder keinen Spott über ihre Religion vertragen können.

Humor und Spott – was man lustig findet und was nicht – sind stark kulturell geprägt, in diesem Fall aber steckte noch mehr dahinter. Das Problem mit den dänischen Cartoons war, dass der Prophet Mohammed darin abgebildet war, was in weiten Teilen der muslimischen Welt ein strenges Tabu ist (siehe Frage 4). Dieses Verbot wurde mit der Veröffentlichung der Cartoons brachial übertreten, und dann wurde der Prophet in einigen der Veröffentlichungen auch noch mit Terrorismus in Verbindung gebracht. So war er auf einem Bild mit einem Turban in Form einer Bombe mit angesteckter Lunte zu sehen – ein Cartoon, der via Internet rasend schnell um die ganze Welt ging. Besonders orthodoxen Muslimen ging das zu weit, sie fühlten sich in ihren religiösen Gefühlen verletzt und organisierten Protestaktionen. Der Cartoonstreit dauerte noch lange an und löste unzählige Debatten über das Recht auf freie Meinungsäußerung gegenüber dem Recht, nicht diskriminiert zu werden, aus. Und außerdem über die Frage, wie weit man mit solchen Beleidigungen gehen darf. Der Zeichner der oben genannten Karikatur entging am 1. Januar 2010 knapp einem Mordanschlag eines fanatischen Somaliers, der in sein Haus eingedrungen war.

Das Vorurteil, der Islam sei ein ziemlich steifer Verein, der kein bisschen Spaß verstehe, wird unterstützt durch die Tatsache, dass in ein paar orthodoxen muslimischen Ländern bestimmte Formen der Unterhaltung verboten sind. Scherze über den Islam und den Glauben seiner Anhänger können in der muslimischen Welt ziemlich heikle Folgen haben. So wurden im Jahr 2007 der Chefredakteur einer marokkanischen Zeitschrift und der Autor eines darin erschienenen Artikels zu drei Jahren Haft auf Bewährung und einem Bußgeld von 6000 Euro verurteilt, weil sie in einer Ausgabe Scherze über den Islam veröffentlicht hatten. In einem davon spielte ein fanatischer Muslim mit seinem Sohn und nennt ihn liebevoll „mein kleines Bömbchen". Aus Solidarität mit den beiden Journalisten unterschrieben Tausende Leute auf der ganzen Welt eine Petition; die meisten Namen auf dieser Liste waren arabisch und islamisch. Dies zeigt, dass es auch in der muslimischen Welt zahllose Menschen gibt, die finden, dass es sich lohnt, für Humor, Spott und Satire zu kämpfen – am besten mit einem guten Witz.

Während des so genannten Karikaturenstreits wurden Zeichner und Zeitungen, die die Mohammed-Karikaturen abdruckten, von Islamisten bedroht.

Ein guter Witz? Ayatollah Khomeini kommt nach seinem Tod in den Himmel. Hier will er nun endlich Mohammed treffen, dem er sein Leben lang nachgeeifert hat. Der Erste, der ihm begegnet, ist Jesus. „Sag, Jesus, wo kann ich Mohammed finden?" Jesus fragt: „Willst du einen Tee?" Aber Khomeini will keinen Tee. Jesus zuckt mit den Schultern und geht weiter. Als Nächstes begegnet Khomeini Buddha. Khomeini fragt wieder nach Mohammed. „Willst du einen Tee?", lautet wieder die Gegenfrage. Nein, Khomeini will keinen Tee. Da begegnet Khomeini Krishna und fragt auch ihn nach Mohammed. Auch Krishna fragt ihn, ob er einen Tee will. Khomeini denkt: „Mist, hier bekommt man wohl erst eine Antwort, wenn man Tee trinkt. Ist vielleicht so der Brauch hier. Na, bitte." Er sagt zu Krishna: „Ja, ich hätte gerne einen Tee." Daraufhin schnippst Krishna mit den Fingern und ruft: „Mohammed, einen Tee!"

Streitfall Brian   Übrigens vertragen sich Humor und Spott auch nicht besonders gut mit christlicher und jüdischer Orthodoxie. Der Film „Das Leben des Brian" von Monty Python, eine Parodie auf das Leben Jesu von Nazareth, sorgte 1979 für viel Wirbel, weil orthodoxe Gläubige ihn als Verhöhnung des Christentums sahen. Im katholischen Irland war der Film sogar acht Jahre lang verboten, und in Italien wurde er erst 1990 ausgestrahlt. Auf der anderen Seite des Atlantiks protestierten auch orthodoxe Juden gegen die Aufführung des Films in den USA.

47 Gilt die Scharia auch für Muslime in Deutschland?

Die Scharia ist kein Gesetzbuch, sondern eine Sammlung von Vorschriften, die viele Bereiche des täglichen Lebens betreffen (siehe Frage 24). Gilt die Scharia auch für Muslime in Deutschland? Gelten in Deutschland für Muslime andere Gesetze als für Nichtmuslime? Diese Frage ist leicht zu beantworten: In Deutschland muss sich jeder an das Grundgesetz halten, und jeder, egal, welchem Glauben er angehört, kann sich auf dieses Gesetz berufen. Das Grundgesetz gilt im selben Maße für Christen, Juden, Muslime und Atheisten.

Was die Anwendung islamischer Normen in Deutschland angeht, so muss als Erstes zwischen religiösen und juristischen Angelegenheiten unterschieden werden. Nach der im Grundrecht verankerten Religionsfreiheit hat jede Glaubensgemeinschaft das Recht, ihre religiösen Fragen nach eigenem Ermessen zu klären. Wie oft jemand beten muss, wie viele Spenden ein Gläubiger geben muss und welche anderen moralischen und rituellen Regeln die Gläubigen befolgen müssen, darf jede Glaubensgemeinschaft für sich selbst entscheiden. Artikel 4 des Deutschen Grundgesetzes besagt, dass jeder seinen Glauben innerhalb bestimmter Grenzen öffentlich ausleben darf. Religiöse Angelegenheiten dürfen gläubige Muslime also ruhig nach der Scharia regeln. Verzwickter wird es dann in Fällen, bei denen die islamischen Normen sich mit dem deutschen Gesetz in die Quere kommen. Sicher kommt es vor, dass die Muslime ihre Konflikte einfach nach islamischen Normen unter sich klären – zum Beispiel Streitigkeiten über Erb- oder Sorgerechtsangelegenheiten. Solange dabei nicht das deutsche Gesetz übertreten wird und sich eine der Parteien auf dieses Gesetz beruft, ist das auch erlaubt. Bei Konflikten unter Muslimen, die vor einem deutschen Gericht entschieden werden, hat aber natürlich das Gericht das letzte Wort. Eine Meinungsumfrage unter Türken in Deutschland und Deutschen mit türkischen Wurzeln hat ergeben, dass die Mehrheit von ihnen damit absolut einverstanden ist. Viele der Befragten gaben an, „sehr religiös" oder „ziemlich religiös" zu sein (siehe Frage 41), die meisten haben jedoch nur eine sehr lockere Bindung zur Moschee und lassen sich nicht so leicht von den Geistlichen dort das Gesetz vorschreiben.

Der Hamburger Regisseur Fatih Akin (*1973) hat für seine Filme, die sich oft mit den Problemen türkischer Migranten in Deutschland auseinandersetzen, viele Preise gewonnen.

Fragen 48 bis 50

Zu guter Letzt

48. Dürfen Muslime Weihnachtsdeko aufhängen?
49. Darf ein Muslim bei McDonald's Burger braten?
50. Was muss ich mir in Bezug auf den Islam unbedingt merken?

48 Dürfen Muslime Weihnachtsdeko aufhängen?

In Internetforen für muslimische Jugendliche stößt man oft auf Diskussionen zum Thema christliche Feiertage. Kann und darf man als Muslim daran teilnehmen? Muslime haben ihre eigenen religiösen Feiertage, wie zum Beispiel das Ramadanfest und das Opferfest, und eigene religiöse Pflichten, wie etwa das Fasten während des Ramadans. Feiertage und oft auch die Schulferien richten sich in Deutschland nach dem christlichen Kalender, werden aber heutzutage nur noch zum Teil mit ihrer ursprünglichen religiösen Bedeutung in Verbindung gebracht. Osterhase und Weihnachtsdekoration sind als Bräuche zum Beispiel heidnischen Ursprungs. Der Hase ist ein uraltes Fruchtbarkeitssymbol und das Ei versinnbildlicht das neu erwachende Leben im Frühjahr. Beides hat wenig mit der christlichen Religion zu tun. Auch der Weihnachtsbaum und Weihnachtsdekorationen gehen zurück auf vorchristliche Zeiten. Wahrscheinlich hatten schon die Germanen zur Wintersonnenwende einen immergrünen Baum im Haus oder Hof. Erst im 16. Jahrhundert erklärte der deutsche Kirchenreformator Martin Luther den Weihnachtsbaum zum Symbol der Geburt Jesu. Wegen seiner heidnischen Wurzeln hat die katholische Kirche den Brauch des Weihnachtsbaums lange Zeit abgelehnt und keine Bäume in Kirchen aufgestellt; erst seit 1982 steht auch im Vatikan ein Weihnachtsbaum. Über die Frage, ob Muslime Weihnachten feiern dürfen, sind sich die islamischen Jugendlichen im Internet einig: Natürlich machen wir da mit – so ein schönes Fest – überall Lichter – ist doch gemütlich! Auch streng gläubigen Muslimen fallen nicht viele Gründe ein, die gegen das Weihnachtsfest sprechen. Marias „unbefleckte Empfängnis" und die Geburt Jesu werden schließlich auch im Koran erwähnt (siehe Frage 18). Jesus ist für gläubige Muslime ein Prophet und für einige auch ein Sufi. Mehr Probleme hätten gläubige Muslime wahrscheinlich mit Ostern oder Pfingsten. Im Koran steht eindeutig, dass Jesus nicht den Kreuzestod gestorben, nicht von den Toten auferstanden und nicht „in den Himmel aufgefahren" ist. Aber zu einem leckeren Schokoladenosterhasen sagen bestimmt nicht viele muslimische Kinder Nein.

Das Opferfest Das Opferfest fällt auf den zehnten Tag des Monats Dhul-Hidscha und wird zu Ehren des Propheten Ibrahim (in der Bibel: Abraham) gefeiert, der bereit war, seinen Sohn zu opfern. Muslime glauben, dass Gott die Opferung seines Sohnes verhindert hat und stattdessen ein Tier opfern ließ. Die Muslime feiern deshalb mit dem Id-ul-adha (= großes Fest) auch die Abschaffung der Menschenopfer. Muslime auf der ganzen Welt lassen zu diesem Anlass ein Schaf schlachten; das Fleisch essen sie und verteilen es unter Nachbarn, Familienmitgliedern und Bedürftigen. Heutzutage lässt man allerdings meistens kein Tier mehr schlachten, sondern spendet eine Summe von ungefähr 130 Euro einer Stiftung, die dann Menschen in armen Ländern mit Fleisch versorgt. Das Fest dauert zwischen drei und vier Tagen.

Vorbereitung für das Opferfest in Pakistan.

49 Darf ein Muslim bei McDonald's Burger braten?

Gläubige Muslime essen kein Schweinefleisch oder Produkte, in denen es enthalten ist. Außerdem gibt es Vorschriften, nach denen Tiere auf eine ganz bestimmte, islamische Art geschlachtet werden müssen, damit das Fleisch „halal" (erlaubt) ist und Muslime es essen dürfen. McDonald's ist eine amerikanische Fast-Food-Kette mit über 31 000 Filialen in 125 Ländern auf der ganzen Welt und damit auch ein wichtiger Arbeitgeber für über 1,5 Millionen Menschen weltweit. Das Fleisch, das in Big Macs, Cheeseburgern und Chicken Nuggets verarbeitet wird, ist jedoch nicht halal. Produkte, die man bei McDonald's kaufen kann, sind also vielleicht mit Lebensmitteln in Berührung gekommen, die für Muslime als „unrein" gelten. Das Essen bei McDonald's ist also eigentlich „haram" (verboten), aber die Fast-Food-Kette hat eine Lösung für dieses Problem gefunden. So verarbeitet McDonald's in muslimischen Ländern nur Fleisch von Tieren, die nach islamischer Art geschlachtet wurden. Und ein McRib, der Schweinefleisch enthält, steht in solchen Ländern gar nicht erst auf der Speisekarte. McDonald's hat Filialen in fast allen muslimischen Ländern mit ein paar Ausnahmen (Syrien und der Iran zum Beispiel). Selbst in streng islamischen Ländern, wie Saudi-Arabien, kann man bei McDonald's essen – in der Heiligen Stadt Mekka gibt es gleich drei Filialen. Aber auch in manchen westlichen Ländern, und Städten, in denen viele Muslime leben (wie beispielsweise London), bietet McDonald's Produkte an, die „halal" sind.

Deutsche Muslime, die in einem McDonald's-Restaurant essen, sich aber trotzdem an die islamischen Speiseregeln halten wollen, müssen also einfach einen Teil der Speisekarte überspringen. Natürlich gibt es in Deutschland junge Muslime, die bei McDonald's arbeiten, aber auch solche, die auf Grund der islamischen Regeln dort nicht arbeiten wollen. Genauso wie es Muslime gibt, die sich an das Alkoholverbot halten, und solche, die es nicht tun. Eine Frage ist – und diese Frage gilt nicht nur für Muslime –, ob es mit Blick auf eine gesunde Ernährung generell eine gute Idee ist, regelmäßig dort zu essen.

McDonald's-Werbung für Gerichte, die halal sind.

MaDonal in Sulaymaniyah

MaDonal Im kurdischen Teil des Irak, in dem Örtchen Sulaymaniyah, gibt es ein Fastfood-Restaurant mit dem Namen MaDonal. Dieses gleicht äußerlich und auch von der Speisekarte her sehr den McDonald's-Filialen auf der ganzen Welt (auch in Sulaymaniyah gibt es übrigens zwei davon). Der Eigentümer von MaDonal ist ein ehemaliger kurdischer Widerständler, der eine Zeit lang in Wien – dorthin war er geflüchtet – bei einer McDonald's-Filiale gearbeitet hat. Zurück im Irak versuchte er, eine Lizenz für eine McDonald's-Filiale in seinem Geburtsort zu bekommen, scheiterte jedoch an den wirtschaftlichen Sanktionen, die die amerikanische Regierung gegen den Irak und das Regime von Saddam Hussein verhängt hatte. Amerikanische Truppen, die in den Irak einfielen und Saddam Hussein verjagten, durften gratis bei MaDonal essen. MaDonal ist heute bei den Jugendlichen von Sulaymaniyah sehr beliebt, auch wenn die Konkurrenz behauptet, das Essen dort sei „von billiger Qualität".

Chinesische Tierkreiszeichen

Anfang 2010 gelangte eine McDonald's-Filiale in Singapur in die Schlagzeilen. Kurz vor dem chinesischen Neujahrsfest gab es dort nämlich als Beigabe zum Hamburgermenü eine kleine Plastikfigur mit einem der chinesischen Tierkreiszeichen. Zu diesen Tierkreiszeichen gehört seit jeher auch das Schwein. Um also die Muslime in Singapur (15 Prozent der Bevölkerung, davon hauptsächlich Malaysier) nicht vor den Kopf zu stoßen, wurde das Schwein gestrichen und durch einen kleinen Amor ersetzt. Das chinesische Neujahr fiel in diesem Jahr zufällig genau auf den 14. Februar, den Valentinstag. Die chinesischen Einwohner von Singapur (85 Prozent der Bevölkerung) protestierten: Foren und Chatrooms im Internet quollen über vor wütenden Reaktionen. „Das Schwein gehört zu unserem Kalender, also lasst gefälligst die Pfoten davon!", war der allgemeine Tenor. Lokale Islamexperten befanden außerdem, dass das Plastikschweinchen gar nicht „haram" (verboten) war – nur Schweinefleisch zu essen, ist nicht erlaubt.

Muslima bei McDonald's in Jakarta, Indonesien.

50 Was muss ich mir in Bezug auf den Islam unbedingt merken?

In Bezug auf den Islam sollte man sich merken, dass „der" Islam eigentlich gar nicht existiert. Es gibt nicht einen statischen, unveränderlichen Islam, sondern es handelt sich dabei um eine Religion und Kultur, die sich aus einer bunten Palette lokaler, nationaler und internationaler Strömungen zusammensetzt. In Malaysia sieht der Islam ganz anders aus als der in Saudi-Arabien, der sich wiederum kolossal von dem in Deutschland oder den Vereinigten Staaten unterscheidet. Innerhalb des eigentlich sehr vielfältigen Islam gibt es ganz unterschiedliche Ansichten und Ausprägungen: von progressiv zu konservativ, von spirituell zu politisch und von sehr offen bis hin zu radikal und gewalttätig.

„Der" Islam macht lediglich die Summe dessen aus, was alle Muslime glauben und wie sie ihren Glauben ausleben. In ein oder zwei Generationen sehen „der Islam" und „die muslimische Welt" wahrscheinlich schon wieder ganz anders aus. Die Geschichte lehrt uns, dass der Islam eine Weltreligion ist, die sich im Lauf der Zeit gut an alle möglichen Kulturen und Umstände angepasst hat – auch im und an den Westen, wo diese Religion noch relativ neu ist und erst noch ihren Platz finden muss. Ein Problem für viele Muslime in Europa ist, dass viele Dinge, die in muslimischen Ländern selbstverständlich sind, hier in Frage gestellt werden. Das führt zu Streit und Diskussionen.

Die Geschichte hat auch gezeigt, dass der Islam – genauso wie beispielsweise das Christentum und der Hinduismus – für politische Ziele ge- und missbraucht werden kann. Darum ist es wichtig, sich zu merken, dass man sehr wohl Kritik äußern darf an den Auffassungen oder dem Verhalten von Muslimen oder an Missständen in der muslimischen Welt. Über solche Dinge muss man nicht schweigen. Bloß „den Islam" generell zu verteufeln und abzukanzeln, hat nicht viel Sinn. Oder noch deutlicher: Das ist nicht nur unsinnig, sondern sogar kontraproduktiv. Wenn man „den Islam" angreift, verletzt man die Gefühle aller Gläubigen, die für sie große Bedeutung haben und aus denen sie viel Kraft schöpfen. Außerdem ist bei so einem Verhalten die Gefahr groß, dass man den Extremisten geradezu in die Hände spielt. Politische Parteien, die „den Islam" als nichts als eine „gewalttätige Ideologie" abstempeln und der Islamisierung Europas „einen Riegel vorschieben" wollen, haben einfach keine Ahnung von der Vielfältigkeit der Strömungen innerhalb des Islam. Sie übersehen, dass „der Islam" nicht schwarz oder weiß ist, sondern – im Gegenteil – aus lauter unterschiedlichen Farben und Schattierungen besteht. Sie versuchen lediglich, Gruppen von Menschen gegeneinander aufzuhetzen.

Außerdem sollte man bei allen Debatten und Schlagzeilen über muslimische Extremisten nicht vergessen, dass der Islam in erster Linie eine Religion ist und das Lebensumfeld von vielen ganz normalen Menschen auf der ganzen Welt bildet. Die muslimische Welt wird in den Nachrichten oft mit Gewalt und Krieg in Verbindung gebracht. Im Fernsehen oder im Internet wird viel über den radikalen Islam debattiert. Schlechte Nachrichten bekommen seit jeher die meiste Aufmerksamkeit – sodass man glatt übersehen könnte, dass es auch friedliche, hart arbeitende, freundliche Muslime auf der Welt gibt.

Der Islam ist eine Religion, die aus unserem Alltag nicht mehr wegzudenken ist. Oder wie Bundespräsident Christian Wulff in seiner Rede im Herbst 2010 sagte: „Der Islam ist ein Teil Deutschlands."

Bildnachweis

Die Fotografien und Illustrationen, die in diesem Buch erschienen sind, wurden mit Genehmigung folgender Organisationen und/oder Personen abgedruckt:

S. 9: © Alexander Kazhdan/Fotolia.com
S. 10: © Dieter-Schuetz/PIXELIO.de, © toufikbobo/Fotolia.com
S. 11: © Atif Gulzar, © Tjui Tjioe/Fotolia.com
S. 13: © wikipedia.org, © veritas tr/wikimedia.org, © wikipedia.org
S. 14: © wikimedia.org
S. 15: © chilloutmo/wikipedia.org
S. 16: © tokamuwi/PIXELIO.de
S. 17: © AXel Mauraszat
S. 18: © Rudolf Simon, © Stig Nygaard, © Cyril PAPOT/Fotolia.com
S. 19: © wikimedia.org
S. 20: © wikimedia.org
S. 22: © Orhan Çam/Fotolia.com
S. 23: © Intension/wikipedia.org, © Valdimir Melnik/Fotolia.com
S. 24: © Lienhard Schulz
S. 26: © Arlo K. Abrahamson
S. 27: © wikipedia.org
S. 29: © Schwarwel/Fotolia.com
S. 30: © Matteo/wikimedia.org, © wikipedia.org
S. 31: © wikipedia.org
S. 32: © Pierre-Jean DURIEU/Fotolia.com
S. 33: © prima/Fotolia.com
S. 34: © wikimedia.org, © ayazad/Fotolia.com, © ayazad/Fotolia.com
S. 36: © wikimedia.org
S. 37: © Zainubrazvi/wikimedia.org
S. 39: © chubbywubby/Fotolia.com
S. 40: © Bernadette Simpson
S. 43: © wikipedia.org
S. 45: © wikipedia.org
S. 46: © wikimedia.org, © wikipedia.org, © Alefbe
S. 48: © wikimedia.org, © wikimedia.org
S. 49: © wikipedia.org, © J. Patrick Fischer
S. 50: © Deutscher Bundestag, © wikipedia.org
S. 52: © wikimedia.org
S. 53: © wikimedia.org
S. 54: © wikimedia.org
S. 55: © wikimedia.org, © wikimedia.org
S. 56: © soldiermediacenter
S. 58: © sborisov/Fotolia.com
S. 59: © vacek37/Fotolia.com, © Catherine Jones/Fotolia.com
S. 60: © wikipedia.org, © Zai Aragon/Fotolia.com, © wikimedia.org
S. 62: © wikipedia.org
S. 65: © wikimedia.org
S. 66: © Steve Evans
S. 67: © wikimedia.org, © wikipedia.org
S. 68: © wikimedia.org
S. 71: © epd-bild/Thomas Rohnke
S. 73: © Hames Saber
S. 74: © Berthold Werner
S. 75: © wikipedia.org
S. 77: © wikipedia.org, © Pourhassan/wikipedia.org
S. 78: © CarstenW/wikimedia.org, © wikimedia.org, wikimedia.org
S. 80: © Daniella Zalcman
S. 81: © Berthold Werner
S. 85: © wikimedia.org
S. 86: © wikimedia.org
S. 88: © Antoin Sevruguin
S. 89: © Reuters/ullsteinbild.de
S. 90: © wikipedia.org, © Mariusz Kubik
S. 92: © Lineair/ullsteinbild.de
S. 94: © Jasmin Merdan/Fotolia.org
S. 96: © foto-krieger/Fotolia.org
S. 97: © Peters/ullsteinbild.de
S. 99: © Gina Sanders/Fotolia.com, © wikimedia.org
S. 102: © Ben Barber
S. 103: © Pentocelo/wikipedia.org, © Gerald B. Johnson
S. 105: © wikimedia.org
S. 107: © Peter Welleman
S. 110: © Patrik Dietrich/Fotolia.com
S. 111: © Gina Sanders/Fotolia.com
S: 112: © ruhimadatia/wikipedia.org, © Jonathan McIntosh, © Hamed Saber, © Nitin Madhar, © Mohamad Affan
S. 114: © wikimedia.org
S. 116: © Avi Okayon, © SIM Palestine
S. 117: © wikimedia.org
S. 119: © Marsy/Fotolia.com
S. 120: © Sultan Muhammad/wikipedia.org
S. 123: © thephotostrand/wikipedia.org, © Robert Friend Weber Whitlock
S. 125: © Eric J. Tilford
S. 127: © wikimedia.org
S. 128: © SNappa2006/wikipedia.org
S. 132: © Roger Schmidt
S. 133: © Muhammad Hani
S. 135: © Scott Raymond
S. 136: © Eric Draper
S. 137: © wikipedia.org
S. 143: © Petro Domenigg
S. 144: © wikipedia.org
S. 146: © Chaim Guski
S. 147: © Wendy Slattery
S. 149: © ddp/ullsteinbild.de
S. 152: © Gay Romeo
S. 154: © Torsten-Born/PIXELIO.de
S. 157: © Richard Hebstreit
S. 158: © rrodrickbeiler/Fotolia.com
S. 161: © Roger Schmidt
S. 163: © Capitalg/wikipedia.org
S. 167: © cheekybandari/wikipedia.org
S. 169: © Paul Joseph
S. 170: © Jonathan McIntosh
S. 171: © nketring/wikipedia.org
S. 174: © Azlan Mohamed, © shock/Fotolia.com

Zu guter Letzt

Verwendete Literatur

Achcar, Gilbert:
The Arabs and the Holocaust.
The Arab-Israeli War of
Narratives.
Saqi Books, 2010.
ISBN 978-0-8635-6639-4

Armstrong, Karen:
Muhammad.
A Biography of the Prophet.
HarperOne, 1993.
ISBN 978-0-0625-0886-7

Borgolte, Michael:
Siedler Geschichte Europas:
Christen, Juden, Muselmanen.
Die Erben der Antike und der
Aufstieg des Abendlandes
300 bis 1400 n. Chr.
Siedler Verlag, 2006.
ISBN 978-3-8868-0439-9

Clark, Malcolm:
Islam voor Dummies.
Pearson Education Benelux
B.V., 2008.
ISBN 978-9-0430-0845-7

Donner, Fred McGraw:
Mohammed and the Believers.
At the Origins of Islam.
Harvard University Press, 2010.
ISBN 978-0-6740-5097-6

Douwes, Dick:
De islam in een notendop.
Wat iedereen over de islam
moet weten.
Prometheus BV, 2003.
ISBN 978-9-0351-2886-6

Esposito, John Louis:
What everybody needs to
know about Islam.
Answers to Frequently Asked
Questions, from One of the
America's Leading Experts.
Oxford University Press, 2002.
ISBN 978-0-1951-5713-0

Esposito, John Louis;
Mogahed, Dalia:
Who Speaks for Islam?
What A Billion Muslims Really
Think.
Gallup Press, 2008.
ISBN 978-1-5956-2017-0

Hackensberger, Alfred:
Lexikon der Islam-Irrtümer.
Vorurteile, Halbwahrheiten
und Missverständnisse von
Al-Qaida bis Zeitehe.
Eichborn, 2008.
ISBN 978-3-8218-5674-2

Lapidus, Ira M.:
A History of Islamic Societies.
Cambridge University Press,
2002.
ISBN 978-0-521-77933-3

Lewis, Bernard:
The Jews of Islam.
Princeton University Press,
1984.
ISBN 978-0-6910-0807-3

Lewis, David Levering:
God's Crucible.
Islam and the Making
of Europe, 570–1215.
W.W. Norton & Company, 2008.
ISBN 978-0-393-06472-8

Mulder, Eildert; Milo, Thomas:
De omstreden bronnen
van de Islam.
Uitgeverij Meinema, 2009.
ISBN 978-9-0211-4210-4

Roy, Olivier:
Der falsche Krieg.
Islamisten, Terroristen und die
Irrtümer des Westens.
Siedler Verlag, 2008.
ISBN 978-3-8868-0884-7

Ter Haar, Johan:
Volgelingen van de imam.
Een kennismaking met de
sji'itische islam.
Uitgeverij Bulaaq, 1995.
ISBN 90-5460-008-X

Van Nispen tot Sevenaer S.J.,
Christiaan:
Christenen en moslims.
Confrontatie of dialoog?
Averbode BV, 2006.
ISBN 978-9-0317-2229-7

Wheatcroft, Andrew:
Ongelovigen.
Het conflict tussen het
christendom en de islam.
Uitgeverij Atlas, 2005.
ISBN 978-9-0450-0608-6